新华时政

好干部的五项修炼

HAOGANBUDEWUXIANGXIULIAN

理　清/著

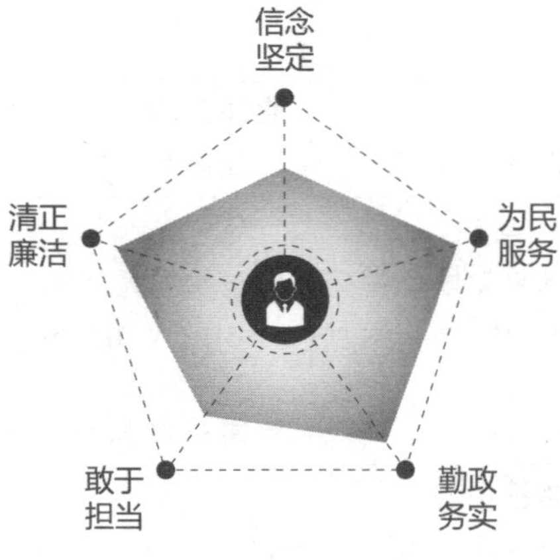

新 华 出 版 社

图书在版编目（CIP）数据

好干部的五项修炼/理清著
北京：新华出版社，2015.6（2025.3重印）
ISBN 978－7－5166－1791－5
Ⅰ.①好… Ⅱ.①理… Ⅲ.①中国共产党—干部教育—学习参考资料
Ⅳ.①D262.3
中国版本图书馆 CIP 数据核字（2015）第 143495 号

好干部的五项修炼
作　　者：理　清

出 版 人：张百新　　**责任编辑：**赵怀志　郑建玲
封面设计：任燕飞装帧设计工作室　　**责任印制：**廖成华

出版发行：新华出版社
地　　址：北京石景山区京原路 8 号　　**邮　　编：**100040
网　　址：http：//www.xinhuapub.com　http：//press.xinhuanet.com
经　　销：新华书店
购书热线：010－63077122　　**中国新闻书店购书热线：**010－63072012

照　　排：新华出版社照排中心
印　　刷：大厂回族自治县众邦印务有限公司

成品尺寸：170mm×240mm
印　　张：14.25　　**字　　数：**170 千字
版　　次：2015 年 9 月第一版　　**印　　次：**2025年3月第二次印刷

书　　号：ISBN 978－7－5166－1791－5
定　　价：29.00 元

目　录 CONTENTS

1 信念坚定

2 为民服务

·标准解读·

·以史为鉴·

·域外经验·

·现实样板·

·知行合一·

3 勤政务实

4 敢于担当

5 清正廉洁

❶ 信念坚定

* * * 信念坚定箴言 * * *

◆世界上最快乐的事，莫过于为理想而奋斗。——苏格拉底

◆士贵立志，志不立则无成。——（战国）孟子

◆最可怕的敌人，就是没有坚强的信念。——罗曼·罗兰

◆智慧是做事用的，对于灵魂来说，靠的是信仰。——高尔基

◆一个人的信仰或许可以被查明，但不是从他的信条中，而是从他惯常行为所遵循的原则中。——萧伯纳

◆人生最高之理想，在求达于真理。——李大钊

◆革命理想，不是可有可无的点缀品，而是一个人生命的动力。有了理想，就等于有了灵魂。——吴运铎

标准解读

信念是党员干部的灵魂

一、坚定的理想信念是共产党人的灵魂：执着追求，坚持不懈

党的十八大报告把“坚定理想信念，坚守共产党人精神追求”作为新的历史条件下加强党的建设的第一项任务，抓住了党的建设的根本，突出了解决党内问题的重点，具有十分重要的意义。信仰坚定、思想和组织纯洁是马克思主义政党的核心问题。

当今世界，不同力量之间的政治、经济、思想文化的较量和竞争日益激烈。当代中国，深入推进改革开放和发展社会主义市场经济，既为经济社会生活注入了强大的活力，也带来了一些不可忽视的消极腐朽的东西。理想信念模糊、动摇，思想道德滑坡，社会诚信缺失，价值观扭曲，已经引起人们的普遍忧虑。一个丢失精神家园的民族是没有希望的民族，一个没有软实力的国家不可能成为一个强大的国家，一个没有理想信念、精神追求的人，不可能是一个幸福的人、一个完整意义上的人。

坚定的理想信念，是党的凝聚力、战斗力的源泉，是共产党人永葆先进性的灵魂。理想信念进一步坚定，是保持共产党员先进性教育所要达到的一项重要要求。在发展社会主义市场经济的新形势下，把坚定理想信念作为加强党的建设的重要内容，具有鲜明的时代性和针对性。

坚定的理想信念是共产党人的灵魂，是共产党人前赴后继、奋斗不息

的精神支柱和力量源泉。在革命战争年代，中国共产党人凭着坚定的理想信念，在中华民族最危险的关头挺身而出，不怕流血牺牲，不怕艰难困苦，带领中国人民推翻帝国主义、封建主义和官僚资本主义，建立了新中国。新中国成立后，面对旧中国遗留下来的一贫如洗、一穷二白的烂摊子和复杂的国际形势，中国共产党人凭着坚定的政治信念和旺盛的革命热情，带领全国人民开展了大规模的社会主义革命和改造，迅速恢复了国有经济，很快改变了贫穷落后的面貌，使中华民族屹立于世界民族之林。在社会主义建设和改革开放的新的历史时期，中国共产党人同样凭着坚定的理想信念，带领全国人民坚定不移地走建设中国特色的社会主义道路，使国民经济快速发展，人民生活水平得到不断提高。实践证明，坚定的理想信念，是党的凝聚力、战斗力的源泉，是共产党人永葆先进性的灵魂。

从党员干部队伍的现状看，既要看到主流是好的，又要看到某些人路走远了，忘记了自己是从哪里出发的，忘记了明天要向哪里去，也忘记了当年在党旗面前举起右手宣过的誓，极少数走上了腐败堕落的不归之路。理想信念不坚定，精神追求不坚守，不可能在大是大非面前把握住原则，辨得清方向；不可能在金钱物欲面前，抗得住诱惑，守得住底线；不可能在各种社会思潮面前，立场坚定，旗帜鲜明。坚定理想信念，坚守共产党人精神追求，这是我们党在新的历史条件下推进党领导伟大事业的迫切需要，是在新形势下永葆党的先进性的必然要求。

马克思和恩格斯在《共产党宣言》中明确指出："共产党人为工人阶级的最近的目的和利益而斗争，但是他们在当前的运动中同时代表运动的未来。"我们党作为中国工人阶级的先锋队和中国人民、中华民族的先锋队，代表先进生产力的发展要求，代表中国先进文化的前进方向，代表中国最广大人民的根本利益。理想信念把我们党的性质和特征体现到带领人民群众进行革命、建设、改革的伟大实践中。正因为有了坚定的理想信念，我们党才将千千万万先进分子凝聚到党的旗帜下，把广大人民群众团结在党的周围，才有了战无不胜、攻无不克的强大力量。党的十八大报告强调抓好思想理论建设这个根本、抓好党性教育这个核心、抓好道德建设这个基础，这是解决党员干部中存在的理想信念问题的治本之策。

坚定的理想信念，始终是共产党人永葆先进性的精神动力。共产主义和社会主义信念，建立在马克思主义揭示的人类社会发展规律的基础之上，因而是科学的理想信念。中国特色的社会主义，符合中国国情、符合中华民族的根本利益，因而是中国发展、走向富强的正确道路。共产党人有了这样的理想信念，就是有了立身之本，就能自觉为党和人民的事业而奋斗。无数革命先烈在生与死的考验面前能够威武不屈，就是因为对共产主义理想坚贞不渝，矢志不移；在社会主义建设和改革中，许许多多的党员为党和人民事业鞠躬尽瘁、死而后已，就是因为他们有崇高而坚定的理想信念的激励。

二、党员干部警示：理想迷失、信仰迷茫、精神缺“钙”

在复杂的社会环境和条件下，要保持理想信念的坚定，很重要的一点是认真学习马克思主义理论，把理想信念建立在科学的理论基础上。既要认识目前资本主义经济、科技发展的现实，又要正确认识资本主义社会的基本矛盾及其发展的历史趋势；既要正确认识社会主义发展过程中出现的曲折和反复，又要正确认识人类社会向前发展的必然规律；既要正确认识社会主义事业的长期性、艰巨性、复杂性，更要正确认识社会主义制度的强大生命力和巨大的优越性。以科学的理论认识社会现实，从人类社会发展规律的高度分析社会发展，才能不断坚定自己的理想信念。

在发展社会主义市场经济和对外开放的新形势下，我们党面临的形势、任务和环境发生了深刻的变化。社会经济成分、组织形式、就业方式、利益关系和分配方式日益多样化，各种思想文化相互激荡。拜金主义、享乐主义、极端个人主义和一些腐朽生活方式，对广大党员和领导干部的理想信念和价值观产生强烈的冲击。在这种新的社会条件下，如果没有坚定的理想信念，就很容易经不起考验和挑战，成为人民的罪人。近年来，一些领导干部因为过不了金钱关、权力关、美色关、人情关而毁掉了自己，从根本上说是因为理想信念出了问题。

坚定的理想信念是共产党人的命脉和灵魂，是共产党人前赴后继、奋斗不息的精神支柱和力量源泉。坚定的理想信念，是我们的制胜法宝，是我们的精神之“钙”。有“钙”的骨头自然就硬，干劲自然就足；反之，就会“缺钙”，就会得“软骨病”，就会出现这样那样的问题。当前，我们正处于体制转轨、社会转型期，进入改革“深水区”和攻坚区，确有一些党员干部党性意识、宗旨意识淡漠，思想行为与马克思主义相悖离，说到底，这都是理想迷失、信仰迷茫、精神缺“钙”的结果。

信仰是一个政党的灵魂。党员干部的信仰不坚定，必然会影响政党生存的根基。随着社会的进步，人的思想观念必然会发生变化，在变化的过程中，自然有的会沿着健康的轨道发展，有的会误入歧途、偏离轨道。出了问题不可怕，虽然只是少数、个别现象，但各级党委必须清醒认识、高度重视起来。

三、党员干部建树精神支柱：远大理想和立足现实相结合

习近平总书记指出，党的最高纲领和基本纲领相统一的辩证思想，这是对我们共产党人一以贯之的关于纲领理论和实践经验的深刻总结。历史和实践都表明，脱离现实而空谈远大理想，就是不切实际的“空想”，反过来，没有远大理想而只顾眼前，就会迷失方向。现实中，一定要把胸怀远大理想和立足现实目标结合起来，就要像雷锋、焦裕禄、杨善洲一样坚定信仰，坚信在中国共产党的领导下一定能实现我们的远大理想，特别是共产党员应该为信仰去拼搏、去奋斗、去献出全部精力乃至生命。

崇高信仰、坚定信念需要我们在长期的学习、工作和生活中经过艰苦的锤炼，才能不断树立起来，它不是与生俱来的，也不会一劳永逸。随着时代和社会的发展变化，我们要经历各种意想不到的考验，必须炼就“金刚不坏之身”，才能做到“千磨万击还坚劲，任尔东西南北风”。建设中国特色社会主义就是实践和建设共产主义的过程。作为共产党员，既要树立共产主义的远大理想，坚定信念，以高尚的思想道德要求鞭策自己，更要脚踏实地地为实现党在现阶段的基本纲领而不懈努力，着眼于现实，从自

身做起，扎扎实实地做好现阶段的每一项工作。

信念指引未来的方向

一、古今成大业者，必先立壮志

社会环境虽不能把握，行动却可以产生力量。这力量的源泉就来自坚强的信念。真正的信念永远是不可战胜的，有了信念，人才会冷静地面对挫折和困难；有了信念，人才有足够的勇气克服阻碍。信念，可以让人透过失望看到希望；信念，可以让人从逆境中奋起；信念，可以让人从失败中走向成功。当遇到挫折、陷入困境时，只要心头有一个坚定的信念，努力拼搏，就一定会渡过难关，取得成功。

据说，宋朝的范仲淹从小就懂得立志。有一次，一个算命先生来到了他村里，众多家长和孩子团团围着算命先生，纷纷要求算命先生先给自己的孩子预测未来，面对周围的吵闹，算命先生一时不知道如何是好，该先给哪个孩子看。恰巧算命先生看到范仲淹从这路过，算命先生叫过范仲淹，索性问他："我帮你看看未来，如何?"范仲淹说："你帮我看看，我将来能不能当宰相。"这算命先生可能这一辈子也没有见过一个孩子居然开口就说要当宰相的，吓了一跳。算命先生跟他说："你小小年纪，怎么口气这么大?"范仲淹有点不好意思，赶紧说，"不然这样好了，你再看看，我将来能不能当医生?"算命先生有一点纳闷，两个志愿怎么差这么多，就问范仲淹："你为什么选这两个志愿?"他回答："不为良相，便为良医，因为只有良相和良医可以直接救民于水火"。算命先生听后很感动，这个孩子念念不忘的是救人，算命先生马上跟他说："你有一颗心，叫宰相之心，日后一定能当宰相。"范仲淹的气度决定了他的格局，胸怀决定了他的成就，他对国家的忧患意识和实践，终成为一代名流。

北宋末年的民族英雄岳飞，在金人入侵的动乱年代里，立下了“还我河山”的壮志，他一生征战沙场，死而后已。当岳飞率领军队屡败金兵，建有大功的时候，有人赠送美女以示慰劳，岳飞说：“金兵未灭，难道是大将安乐的时候吗?”宋高宗要为他建宅第、立家室，以褒奖他的赫赫战功，他又辞谢道：“金兵未灭，何以为家?”岳飞一生矢志不渝，终于留下千古美名。

毕生奋斗执着革命的孙中山先生，胸怀中华民族的振兴的伟大信念，历经磨难，创立了丰功伟绩。2006 年 11 月 12 日，在孙中山先生诞辰 140 周年纪念大会上，胡锦涛以三个“一生”、三个“始终”，高度评价了孙中山的一生：“孙中山先生一生追求真理，始终与时俱进；一生不懈奋斗，始终坚韧不拔；一生热爱祖国，始终致力于振兴中华。”孙中山先生一生奔走革命，为国家为社会真正做到鞠躬尽瘁。

一个人的出身不能决定他的将来，一个人的天赋不能决定他的最终成功，一个人的起点不能决定他一生的发展。一个人在他成长的过程中需要有一个支撑点，这个支撑点就是信念。是信念激励一个人不断地追求，是信念让人们锁定所追求的目标，是信念鼓励人去探寻达到目标的正确方法，是信念给予人不达目的誓不罢休的毅力。

有句名谚：鹰飞得高，靠的不是翅膀，而是信念！信念根植于血液，信念的旗帜永远鲜红，信念是一种精神力量，是一个人、一个国家、一个社会站立起来并迈步向前的精神支柱。

二、党员干部的理想信念：人生航程的灯塔

成功源于信念。古往今来，这个世界上所有的成功者无不是具有成功信念的人。无论在何种环境下、无论面对任何困难和挑战，他们对未来充满信心、相信在一切过后成功必将到来。在困难、挑战、挫折、打击甚至失败面前，永远不会选择怀疑、沮丧、恐惧、抱怨的消极态度。他们更不会心浮气躁，他们永远在为成功找方法，不断超越自己。即使在最为黑暗

的日子，他们的内心世界也一片光明，他们永远用积极乐观的态度去面对一切，并采取强有力的行动去战胜一切困难挑战。他们因为信念而无比坚强，他们因为信念而出类拔萃，他们因为信念而走向成功。

信念就是人生的支柱和人生的方向。对于党员干部来讲，就是马克思主义的世界观、人生观和价值观，即共产主义的理想信念。共产主义理想信念随着时代变化而有着不同的侧重点，在革命战争年代，主要看你能不能为高尚理想献身，在危险关头怕不怕死；在和平年代，生死考验机会减少，而对理想信念最大的考验是权力的考验，即在长期执政和发展社会主义市场经济条件下，能不能牢固树立正确的权力观，坚持立党为公、执政为民，保持廉洁奉公的人民公仆本色。

信念坚定是好干部的基本要求

一、信念是建设党和国家的最大推动力

个人有理想和信念，它能帮助我们战胜困难，走向胜利。国家有理想和信念，就能长治久安，富国强兵。搞科学需要理想与信念，才不会走向错误的方向。依法治国需要理想与信念，我们才能战胜自己的人性弱点，会较少犯集体违法，集体腐败，这种法律解决不了的问题。

有理想与信念，才会有顽强坚持真理的人，才会有不畏艰辛，不怕牺牲的人。

正确的理想与信念是社会进步的第一推动力，因为这些是团结凝聚人的基础，没有这个基础，人类社会就会变成一盘散沙，人类就会相互为敌。正确的理想与信念体现了人类社会的价值要求，失去了这个价值标准，人类就会被邪恶与错误统治，就会走向自我毁灭。

胡锦涛总书记在十八大报告中指出："对马克思主义的信仰，对社会主义和共产主义的信念，是共产党人的政治灵魂，是共产党人经受住任何考验的精神支柱。"新形势下，党情国情世情发生着深刻变化，面对各种思潮和诱惑，面对各种严峻考验，党员干部必须加强理论武装，不断增强自我净化、自我完善、自我革新和自我提升的能力，牢固树立正确的世界观、人生观、权力观和价值观，坚定理想信念不动摇，带头在贯彻落实党的路线、方针、政策过程中践行社会主义核心价值体系，在大风大浪面前坚持正确立场，在各种诱惑面前筑牢思想防线，自觉做"坚定信念"的引领者。

坚定理想信念，必须加强党性修养。胡锦涛同志曾一针见血地指出："理想的滑坡是最致命的滑坡，信念的动摇是最危险的动摇"。德为才之帅，才为德之资。修养即"修身"、"养德"，良好的党性修养是对党员干部的基本要求。

二、好干部的楷模：精神永存

党员干部应自觉培养高尚的道德情操，不断增强理论修养、思想修养、政治修养、纪律修养、作风修养，牢固树立"立党为公、执政为民"的观念，努力把自己培养成为一个高尚的人、纯粹的人、有道德的人、脱离低级趣味的人。社会主义和共产主义的理想信念，是共产党员最崇高的追求和最强大的精神支柱。党员干部必须具有坚定的共产主义信念，体现和反映马克思主义世界观、价值观、人生观，用科学的发展观武装自己，真正保持思想上、政治上、行动上的先进。

2014 年 3 月 17 日，习近平总书记在河南省兰考县调研指导党的群众路线教育实践活动时，强调焦裕禄精神同井冈山精神、延安精神、雷锋精神等革命传统和伟大精神一样，过去是、现在是、将来仍然是我们党的宝贵精神财富，我们要永远向他学习。

斯人已逝，精神永存。焦裕禄离开我们半个世纪了，但这位"县委书记的榜样"的崇高品格和先进事迹，在人们心中铸就了一座永恒的丰碑。

他对待群众、对待组织、对待事业、对待同志、对待亲属、对待自己的态度，已经凝聚成闪耀着社会主义核心价值观之光的焦裕禄精神，跨越时空，历久弥新。

2009 前，时任中共中央政治局常委、国家副主席的习近平就专程来过兰考，并在干部群众座谈会上把焦裕禄精神概括为五个方面："亲民爱民、艰苦奋斗、科学求实、迎难而上、无私奉献"。在这次调研中，习近平总书记进一步强调，要特别学习弘扬焦裕禄"心中装着全体人民、唯独没有他自己"的公仆情怀，凡事探求就里、"吃别人嚼过的馍没味道"的求实作风，"敢教日月换新天"、"革命者要在困难面前逞英雄"的奋斗精神，艰苦朴素、廉洁奉公、"任何时候都不搞特殊化"的道德情操。不难发现，焦裕禄精神的核心内容，与社会主义核心价值观的要求是一致的，与党的群众路线教育实践活动的主题也是高度契合的。

"百姓谁不爱好官？把泪焦桐成雨。生也沙丘，死也沙丘，父老生死系。暮雪朝霜，毋改英雄意气。""路漫漫其修远矣，两袖清风来去。为官一任，造福一方，遂了平生意。"这是习近平担任福州市委书记时，于 1990 年 7 月 15 日填写的《念奴娇·追思焦裕禄》一词中的句子，深深表达了他对焦裕禄的崇敬之情和他自己爱民为民、责任担当的坚定情怀。

我们今天学习和弘扬焦裕禄精神，就应该像习近平总书记这样，在思想上将焦裕禄精神融入自己的价值观，让自己的人生境界更加高尚，在行动中努力向焦裕禄看齐，从今天做起，从眼前做起，从小事做起，生命不息、奋斗不止。

伟大的事业孕育崇高的精神，崇高的精神推动着伟大的事业。焦裕禄的出现和焦裕禄精神的产生，扎根于新中国社会主义建设的沃土之中。今天，我们大力弘扬焦裕禄精神，就是要将学习焦裕禄和践行社会主义核心价值观融为一体，进一步增强践行社会主义核心价值观的自觉性和坚定性，为推进中国特色社会主义事业、实现中华民族伟大复兴的中国梦提供强大精神力量。

三、坚定理想信念：忠于党和国家

泰戈尔说："信念是鸟，它在黎明仍然黑暗之际，感觉到了光明。"坚定的理想信念是共产党人的强大精神支柱，共产党员是用特殊材料做成的，这种特殊材料就是一种乐观向上的精神状态。对党忠诚是对党员干部的本质要求，也是讲党性的前提条件。对党忠诚，就是要保持党的纯洁性，这是新形势下党对各级党组织和党员提出的新要求。我们基层党员干部处在发展建设的前沿，面临着各种复杂环境的挑战和诱惑，党员干部一方面自身要保持党的纯洁性，另一方面要做好保持纯洁性的工作。敢于伸张正义，敢于同不正之风作坚决的斗争。

党员干部具有崇高理想、坚定信念，是推动党和人民事业不断发展的重要保障，也是我们党的政治优势。坚定理想信念是党员干部的永恒课题。理想的动摇是最根本的动摇，信念的滑坡是最危险的滑坡。当前，党员干部队伍的主流是好的，绝大多数党员干部具有坚定的理想信念，在改革开放和社会主义现代化建设中发挥着先锋模范作用。但同时我们也要看到，在新形势下，随着国内外环境的变化，少数党员干部在理想信念上出现了一些不容忽视的问题。解决这些问题，要求广大党员干部不断提高思想政治水平，坚定理想信念。一方面应深刻认识到，主观世界的改造不是短期行为而是长期要求，理想信念不是一阵子的坚持而是一辈子的坚守。在现实生活中一些党员干部之所以犯错误、栽跟头，一个重要原因就是对主观世界的改造抓得不够紧，认为受党教育多年，理想信念不会出问题、出不了大问题。另一方面应深刻认识到，意识形态领域的斗争是长期的、复杂的，党员干部在任何时候、任何情况下都不能掉以轻心、放松警惕，要时刻坚定理想信念。

有了正确而坚定的理想信念，我们就能正确分析前进道路上各种复杂形势，努力克服前进道路上各种艰难险阻，满腔热情地为党和人民的事业而不懈奋斗，不断夺取革命、改革和建设的伟大胜利。在革命战争年代，无数革命先烈抛头颅、洒热血，出生入死，久经考验，不屈不挠，就是因为对崇高理想和坚定信念矢志不渝。在和平建设时期，许多共产党员为党和人民事业鞠躬尽瘁、死而后已，也是因为崇高理想和坚定信念的激励。在当前国际环境不确定不稳定因素增多，我国发展的外部条件复杂多变的形势下，我们之所以能够成功举办北京奥运会、残奥会，能够顺利实现神舟七号载人航天飞行，能够有效抗击历史罕见雨雪冰冻灾害，特别是在四川汶川特大地震灾害中能够取得重大胜利，都充分显示了理想信念的强大力量。在新的历史时期，我们要更加坚定共产主义远大理想和中国特色社会主义共同理想，并把这种坚定性自觉体现到为实现党的基本路线和基本纲领而不懈奋斗的具体实践上，体现到立党为公、执政为民，努力做好本职工作、全心全意为人民服务上，体现到不断提高自身能力、全面贯彻落实科学发展观和促进经济社会又好又快发展上，体现到自觉加强主观世界改造，不断提高拒腐防变和抵御风险能力上。只有这样，我们党就才能团结和带领人民经受住各种风浪的考验，不断开创中国特色社会主义事业新局面。

加强党员干部的信念教育刻不容缓

在新的历史时期，党和国家事业面临着前所未有的机遇和挑战，特别随着改革开放和社会主义市场经济的不断发展，随着党执政时间的增加和党的队伍的变化，党的自身建设也面临许多新课题新考验。党员领导干部要在世情、国情、党情发生深刻变化的条件下，始终保持坚定正确的理想信念，团结和带领人民群众沿着中国特色社会主义道路阔步前进，就必须始终保持坚定正确的理想信念。

有了正确而坚定的理想信念，我们就能正确分析前进道路上各种复杂形势，努力克服前进道路上各种艰难险阻，满腔热情地为党和人民的事业而不懈奋斗，不断夺取革命、改革和建设的伟大胜利。在革命战争年代，无数革命先烈抛头颅、洒热血，出生入死，久经考验，不屈不挠，就是因为对崇高理想和坚定信念矢志不渝。在和平建设时期，许多共产党员为党和人民事业鞠躬尽瘁、死而后已，也是因为崇高理想和坚定信念的激励。

一、信念缺失危害大：坚定信念，不走弯路

信仰是一个政党的灵魂。党员干部的信仰不坚定，必然会影响政党生存的根基。随着社会的进步，人的思想观念必然会发生变化，在变化的过程中，自然有的会沿着健康的轨道发展，有的会误入歧途、偏离轨道。出了问题不可怕，虽然只是少数、个别现象，但各级党委必须清醒认识、高度重视起来。

近年来，党员干部腐败案件频发，尤其是高级干部的犯罪，对党的队伍建设影响重大，有很多值得深思和总结的方面。例如深圳市原市长许宗衡被判死缓的新闻，就非常有代表性。他的从政经历被称为从“低调的黑马”到“高调的落马”。“低调黑马”是因其年仅 35 岁就担任湖南省衡阳市委常委、组织部长，40 岁就成为深圳市长，可谓年轻有为、地地道道的“黑马”。但好景不长，2009 年就因严重违纪被免职，直至被判处死缓。

追溯其“高调落马”的原因，是他利用职务之便为他人谋取利益，贪污受贿，数额之大，令人咂舌。如此有发展潜力的干部为何会管不住自己、贪赃枉法？深入分析他堕落的原因，其中最重要的一条就是丧失了理想信念，在个人利益和诱惑面前，失去了坚定的信念，触犯了党纪国法，走向了无可挽救的深渊。

二、信念教育要务实：坚定信念，激发正能量

随着改革开放 30 余年的高速发展，我们的物质生活日益丰富，精神生活日益去政治化，文化多元性越来越突出，理想信念意识日趋显淡薄。造成这种现象的原因是多方面的，因此，信念坚定是需要长期坚守的准

则，对广大党员干部进行理想信念的教育刻不容缓，任重道远。

任何有说服力的理论都离不开对实践的印证。事实上，关于理想信念问题的理论研究、宣传教育，应该说是很重视的，但是实效性却始终不尽如人意。党报党刊有百余种，我们的研究和宣传，缺少对真实生活实实在在的理解和关心，缺少对人性的全面体悟。尤其是对共产主义理想信念的研究和教育，始终难以摆脱抽象空泛的尴尬。但是，共产主义理想信念抽象，不是共产主义本身的错，也不是它本身抽象，而是我们把它研究抽象了、理解抽象了、宣传抽象了。要让理想信念的研究从党的文件中走出来，和人民群众的真实生活结合起来，到生活中去，到基层群众中去，远离空洞说教，理想信念就蕴含在简明的事理和朴素的细节里，要有能力使人们真真切切地感受到它，理想信念就自然会深入人心。因此，党务干部在知行统一，以学促用，学用结合上，要动脑筋想办法，率先垂范。杜绝嘴上讲着大道理，心里打着小算盘，行动上假公济私的现象，用真实、真情和真理来感动人、激励人，才能达到用理想信念引领人、教育人的作用。

在迅速变化的社会现实面前，如果理想信念教育不能适应时代的发展要求加以改进，还简单地沿用过去老一套的东西，就难以保持教育的有效性。

三、提高教育者的综合素质：言传身教，带头示范

教育者的素质滞后。理想信念教育工作的特殊性必然要求教育者具有较高素质。除了要有较深厚的马克思主义理论修养外，还应具备哲学、美学、心理学、伦理学、管理科学、行为科学等多学科的综合知识结构。同时教育者还应严于律己、身体力行，要求别人做到的事，自己首先要做到，具有强大的人格魅力。而从目前来看，教育者有相当一部分没有经过系统的专业训练，理论素质较低，知识结构不完善，在进行思想教育时，缺乏理论性和艺术性，不能有效解决教育对象思想中的疑难问题。另外，有些个别教育者作风不正，甚至违法乱纪。一些领导干部在进行理想信念

教育中大讲“公”和“集体利益”，却又不择手段地侵吞“集体利益”，非法获取私利，使理想信念教育变成了空洞的说教和欺骗，严重地损害了理想信念教育的“效度”和“信度”。

四、更新思想教育内容：与时俱进，紧贴实践

教育对象的素质和要求发生了显著的变化。现代的党员和以前的党员具有显著的不同，他们的文化素质明显提高，接触的知识量、信息量很大，思想变化快，主体意识也很强，在行动中追求自我支配、自主决策，在理想抱负上追求自我价值实现。作为理想信念教育对象，他们对教育内容会采取比较理智的态度来分析和接受，从而需要我们要有针对性地进行教育工作。

随着改革开放的不断深入和社会主义市场经济体制的逐步建立，出现了许多前所未有的新情况、新问题，例如失业问题、贫富差距问题、腐败问题等等。这些社会问题必然会对党员的思想产生各种各样的影响，引发他们对社会主义制度优越性、马克思主义的科学性等问题的重新思考。理想信念教育者如果不能正确而科学地解答诸如此类的问题，或者解答这些问题时仅仅停留在一般的理论分析和口号上，分析并不深刻，不能让人心服口服，就不仅不会产生任何坚定共产主义理想信念的效果，有时甚至会使部分党员产生怀疑，严重者还会动摇其信念。当时苏联在宣传马克思主义理论时，就把经典作家的思想当作神圣不可侵犯的教条，机械地向人们灌输，既不讲马克思主义经典作家的思想观点产生的历史条件和特殊背景，也不结合本国的实际情况。因此，很长的一段时期，苏联马克思主义理论宣传的教材都是固定化的。这种严重的教条主义必然导致教育内容严重地脱离实际。

五、创新教育方法形式：喜闻乐见，春风化雨

理想信念教育工作是做人的思想工作，而当今人们的思想是非常活跃而富于变化的，党员干部当然也不例外，尤其是对年轻党员干部。因此，

不同特点的教育对象、不同的场合、不同的问题，就应该选择运用不同的、有针对性的方式方法，这样才能收到良好的教育效果。而在实际工作中，有些理想信念教育工作者的方法选择或运用不当。

（1）单向的灌输方式，导致教育有效性的降低。传统的理想信念教育，教育者起主导作用，他们将正确的政治观点、思想体系等有目的、有计划地灌输给教育对象，而教育对象在内外各种因素的综合作用下，有选择地接受这些信息，进而“内化”为自身的个人意识，之后再“外化”为实际行动。在这一过程中，教育者传递信息的手段主要是学文件、听报告、写心得、谈体会等老的灌输方法。而以报纸、广播、电视、电影等大众传媒作为辅助工具。教育者所灌输的信息是经过筛选、加工的，有利于教育对象接受正面的思想。然而，随着时代的进步，单向的教育模式越来越不能满足党员的思想需求，其有效性不可避免地受到削弱。

（2）理想信念教育中的形式主义倾向，教育没有针对性。理想信念教育必须通过一系列相应的形式，但这些形式本身并不能成为衡量和检验理想信念教育质量和效果的标准。某项教育活动占用的时间再多，形式再灵活多样，讲解再精彩纷呈，如果教育对象没有认同和接受教育内容和精神，那就不能说教育的质量和效果是好的。此外，如果教育者没有针对性而只是乏味地进行说教，教育对象的思想困惑、思想矛盾本身却得不到科学合理地解决，就会造成其被动地接受教育的局面，教育内容同样也很难内化为教育对象的自觉意识。

（3）理想信念教育要适应新情况，不断探索新方式、新手段和新机制，才会有说服力、感召力、渗透力和凝聚力。由于理想信念教育的最终目的是使得教育对象对教育内容的认同并付诸实践，因此对教育对象即党员实际情况的分析应该成为我们改进理想信念教育的切入点，这就是思想政治教育方法中的分层次教育原则。在思想政治教育中，层次性是指教育对象由于年龄、性别、年龄、经历不同，对思想教育的内容、方法和传递信息的接受能力有差别，因此要从教育对象的特点出发，根据教育对象的不同思想状况，因材施教。教育对象对来自教育者的任何作用或影响，必须通过自己的思考后能动地选择，达到价值认同后才能内化并在实际上转化为行动；不经过自己的评价、选择、内化，则很难引起相应的变化，任何思想上的进步从根本上说来都是通过教育对象自己的意愿而取得的。我们在进行理想信念教育时，只有本着具体问题具体分析的态度，有的放矢地进行，才能取得比较满意的教育效果。

理想信念的确立是一个十分复杂的过程，而且还会不断反复。我们决不能对社会历史条件的变化视而不见，拒绝研究新情况、新问题，思想僵化，工作没有新思路、新举措，固守“老办法”。邓小平曾在 1978 年的全军政治工作会议上，就新的历史条件下政治工作谈道：“我们政治工作的根本任务、根本的内容没有变，我们的优良传统也还是那些。但是，时间不同了，条件不同了，对象不同了，因此解决问题的方法也不同。”为了能够确保当代共产党人树立正确的共产主义信念，需要我们集中精力进行调查研究，必须随着历史条件的变化而变化，总结新经验、探索新方法。

总之，随着党员素质的提高，我们党的理想信念教育工作要与时俱进地发生改变，只有这样，才能保证共产党员树立坚定的崇高的共产主义理想信念，才能保持党员的先进性。

以史为鉴

商鞅：变法天下，泽被苍生

1. 商鞅的信念

商鞅（公元前395年—前338年），原名卫鞅，人称商君。他本是卫国国君的亲生儿子，不过却是庶出，基本没有资格继承卫国王位。

在古代，像商鞅这种失去了继位希望的“庶孽公子”，人生一般只有两种选择，一种是“混”，也就是混吃等死；另一种是“篡”，也就是篡权夺位。对于商鞅来说，“混”是对宿命的屈服，更是对自己的侮辱；而“篡”呢，则是不切实际的冒险，是得不偿失的赌博。

商鞅不希望成为一个混吃等死的“废物”，也不希望成为一个篡权夺位的“暴君”，所以，商鞅在“混”与“篡”的死循环中，艰难地做出了一个专属于他的抉择——变。

在西方哲学中，变化是唯一不变的真理，所以，变既是变化，又是不变，变化的是革新，不变的则是坚持。商鞅的“变”，指的是他的变法，而在变法期间，商鞅唯一不变的，则是他的坚持。

当他在魏国不受重用的时候，他没有放弃；当秦王对他不屑一顾的时候，他也还在坚持；当其他大臣都对他的变法嗤之以鼻的时候，他依旧坚持变法；甚至，当他被诬陷、被围捕乃至被处死的时候，他始终不变初衷。

最终，他的坚持，成就了他的变法，而他的变法，则成就了他的千古美名。

在此，我们不禁要问，是什么力量，支撑起了他的坚持？

答案很简单，那就是坚定不移的信念！

信念，其实是一种很玄的东西，它无影无形，却无处不在。它的模样，你无法想象，而它的力量，你又不可估量。对于商鞅来说，他的信念，就是变法，这是他的人生理想，也是他的人生价值。

2. 秦王的信任

商鞅变法的“第一站”，原本是选在魏国，但是，他在魏国不受重用，得不到魏惠王的信任。无奈之下，商鞅只能重拾信念，怀揣理想，远赴秦国。

来到秦国后，商鞅明白了一个道理，要实现他的理想，光有信念是不够的，他还必须将这种信念，外化为“三信”——秦王的信任、大臣的信服、百姓的信心。

首要的是秦王的信任。当时的秦王，是秦国历代国君中颇为贤明的秦孝公（公元前 381 年一前 338 年）。秦孝公继位以后，广施恩德，救济孤寡，明确论功行赏的法令，并在国内颁布了著名的求贤令，征召有识之士进献富国强兵之策。

商鞅看到这份求贤令后，带着他的“富国三策”，欣然前往秦国，并得到了秦孝公的接见。当然，双方并不是一拍即合，相反，商鞅的“面试”，还颇为坎坷。

第一次，商鞅信心满满地参加面试，但是，从始至终，商鞅都像在唱独角戏一般，滔滔不绝地讲解着他的“帝道”。没过多久，秦孝公便哈欠连天，最后甚至直接睡着了。“主考官”都被他“催眠”，面试的结果，可想而知。

虽然第一次面试的结果并不好，但是，这丝毫不能动摇商鞅的信念和决心，更无法让他就此罢休、半途而废。

既然“帝道”不行，那就进献“王道”吧。第二次面试，确实比第一次的情况也要更好一些，虽然秦孝公还是没有听进去多少，但是，至少他没有听睡着。

既然有进步，那就再接再厉吧。第三次面试，商鞅拿出了压箱底的本事——“霸道”。所谓的霸道，其实就是通过变法强盛国家，维护和巩固中央君权，最终达到称霸天下的目的。这种霸道的推行和实现，关键还在于变法的措施科学性，以及推行变法的坚决性和彻底性。

对此，秦孝公大有兴趣，听着听着，便情不自禁地凑到商鞅跟前，最后甚至连着好几天都在听商鞅讲解他的霸道。听完以后，意犹未尽的秦孝公如获至宝，不仅对商鞅信任有加，而且开始重用商鞅。

3. 大臣的信服

公元前 359 年，商鞅被提拔为左庶长，正式成为秦国的重臣之一。从此以后，商鞅开始了他的变法之路！当然，变法难免会触犯某些旧贵族、旧势力的利益。商鞅提出变法主张以后，以太师“甘龙”、司空“杜挚”为代表的旧贵族势力，立刻就站出来，极力反对变法。

要正式推行变法，得到秦孝公的信任，仅仅是第一步，商鞅还必须用他的才干、学识乃至信念，直面旧贵族势力的挑战，赢得所有中立派、反对派的信服。

那么，如何才能让大家信服呢？

要让人信服，最文明的办法，就是说服他，正所谓“道理越辩越明”，既然如此，那就辩吧。于是，双方就要不要变法的问题展开了激烈的辩论。

商鞅的观点很明确，“法者，所以爱民也”。也就是说，变法都是为了百姓好，是为百姓谋福祉。所以，必须变法，坚定不移地变法。

甘龙的意见很明确，他说：“圣人不易民而教，知者不变法而治。”就是说，古代的圣贤不推行变法，不劳民伤财，照样能把国家治理的很好。所以我们应该学习古代圣贤，不变法而治！

商鞅反驳说：“三代不同礼而王，五霸不同法而霸。”春秋五霸用了五种不同的方法，最终都称霸一时。由此可见，秦国要称霸，不一定非要遵循古法！

甘龙则说：“利不百，不变法；法古无过，循礼无邪。”意思就是说，变法的成本高、代价大，除非有百倍的利益回报，不然的话，变法的风险太大了，得不偿失。我们还是遵循老祖宗的治国之法，这样就算没有功劳，至少也不会有大过错。

商鞅继续反驳道：“汤武之王，不循古而兴；殷夏之灭，不易礼而灭。”周武王伐纣，直接把殷商之法给推翻了，自己重新建立了一套新的治国之法，最后周王室照样兴盛数百年。反观殷夏二朝，从来没有改变过王朝礼法，最后却难逃灭亡之境！

由此可见，“法古无过，循礼无邪”这话并非真理，变法与否跟亡国与否，根本没有直接的必然的联系！

公正地说，秦孝公这人还是挺有魄力的一代君主，而且，他的魄力跟他的野心成正比，他一心想让秦国称霸，所以说到变法图强，秦孝公完全有魄力拍板。

最后，一心富国强兵的秦孝公拍板，既然“治世不一道、便国不法古”，那就变法吧！

4. 百姓的信心

变法的时候，商鞅有坚定的信念、国君的信任、大臣的信服，看似万事俱备，其实还缺东风，那就是百姓的信心。

变法刚开始的时候，商鞅毕竟是“新手上路”，因此，对于他的变法，不止是朝廷官员，甚至连很多市井百姓都持怀疑态度。为此，商鞅迫切地需要树立威信，赢得百姓的信心。

于是，商鞅亲自导演了一出“徙木立信”的大戏。过程是这样的，商鞅在当时的国都栎阳的南门，立了一根三丈之木，下令说任何人只要能将此木搬到北门去，立刻能获得五十金的丰厚赏赐。

百姓向来喜欢看热闹，也喜欢凑热闹，很快就有很人抱着试一试的心态去搬木头。虽然搬一根三丈长木并非易事，但是，试的人多了，总会有成功的。当一个人成功将三丈之木搬到北门的时候，商鞅立刻出来兑现诺言，爽快地赏赐了对方五十金。

那个搬木头的人得此横财，自然乐不可支，见着人就吹嘘自己力气大、运气好。于是，商鞅“徙木立信”的事情，很快就传的满城皆知，而商鞅“政出必行”的美名，自然也深入人心。

对于此事，后世颇多赞誉，甚至到了宋朝，跻身唐宋八大家之列的王安石还写了首诗，抒发他的向往之情：自古驱民在信诚，一言为重百金轻。今人未可非商鞅，商鞅能令政必行！

至此，商鞅怀揣着崇高的理想，凭借着坚定的信念，先后得到了秦王的信任、大臣的信服和百信的信心，最终在秦国成功推行了两次变法。这两次变法，无论从持续时间、推行力度、政令数量和变法彻底性来说，在当时都是绝无仅有的，而秦国也正是凭借着商鞅变法，最终奠定了横扫六国的坚实基础。

商鞅变法的成功是毋庸置疑的，《史记》明言其功：“行之十年，秦民大悦，道不拾遗，山无盗贼，家给人足。民勇于公战，怯于私斗，乡邑大治。”而这种成功，绝对不是偶然的，而是历史必然，因为商鞅变法不仅顺应了历史潮流，而且满足了君民双方的需求。他的多项政令都极大地瓦解了奴隶制，促进了封建制的建立，这是利在当代、功在千秋的大功劳。而这一切的一切，归根结底，都是因为商鞅够胆量、够魄力、够执着，更因为他的信念无比坚定，他的信心无比坚决。

王安石：变法图强，富国强兵

1. 不喜骄奢、不慕荣华

王安石（1021年－1086年），字介甫，号半山，江西临川人，唐宋八大家之一，北宋熙宁变法的主持人，中国十一世纪伟大的改革家。他的一生，可谓传奇。其诗词文章，震古烁今，堪称一代文坛宗师；其宦海经历，浮沉跌宕，实乃一代名臣贤相。

按照常理来说，学富五车的文豪大儒，身居高位的肱骨重臣，对形象、生活乃至享乐都比较讲究。在古代，官员们不论品阶大小，大多都喜欢享受生活，一般人当官，博的就是一个荣华富贵，图的就是一个风光无限。吃穿住行，样样都颇为讲究，极端一点的，甚至可用奢靡来形容。

譬如北宋权相蔡京，在吃喝方面就极其讲究。据《鹤林玉露》记载，蔡京家的厨房，甚至堪比五星大酒店，仅仅是做包子的厨师，便有好几个，一个切葱丝、一个做肉馅、一个擀面皮、一个掌蒸笼。可以说，蔡京家的包子，从选材、用料、做工到火候，都是“精益求精”，其奢靡程度，可见一斑。

不过，王安石却不同，他虽是文豪，虽是名臣，但他却不修边幅、不喜骄奢，不追求享乐，不贪慕虚荣。同样是位高权重的宰相，王安石在生活方面，却没多少讲究。《曲洧旧闻》中曾经记载了这样一件趣事。据说，王安石做参知政事（相当于宰相）的时候，有人对王安石的夫人说：“王安石爱吃獐脯。”对此，王夫人觉得非常奇怪，就叫人去打听。

那人回答说：“好几次跟王安石一起吃饭的时候，都见他把一盘獐脯吃光，别的菜连碰都没碰。”王夫人又问：“他吃饭时，獐脯放在什么地方？”那人说：“就在他跟前啊。”听到这里，王夫人恍然大悟，笑着说道：

“不管什么菜，只要在他跟前，他就爱吃，因为他只吃离他最近的菜。”

说到这里，或许很多人都在笑他傻，觉得他活得不够潇洒。甚至，有的人还会暗自腹诽：“如果不能享尽荣华富贵，那当宰相还有什么意思？”

其实，王安石之所以如此，不是因为他故作清高，也不是因为他不懂享受，而是因为他有怀揣着坚定的信念，更因为他明白一个深刻的道理：忧劳可以兴国，逸豫可以亡身。

他不希望自己的信念，被生活的诱惑摧毁，他更不希望迷失自己的方向、丢弃自己的理想，因为他做官，不是为了享受，而是为万民谋福祉，为天下开太平。

有此坚定的信念和崇高的理想，难怪不修边幅、不喜骄奢、不慕荣华的王安石，能够成为流芳百世的千古名臣。而那位事事讲究、骄奢淫逸的蔡京，却成了遗臭万年的“北宋六贼”之首。

2. 为民谋福、为国分忧

王安石的信念之坚定，一如他的变法决心，非一般人能揣度，亦非寻常人能企及。

宋仁宗庆历二年（1042 年），21 岁的王安石首次参加科举考试，高中进士第四名，正式步入政坛，授职淮南东路节度判官厅公事，从此开始了他人生中长达十余年的地方官生涯。

两榜进士，特别是名次靠前的进士，一般在地方上历练几年后，便有机会调回中央。王安石也不例外，但是，他对于升迁回京的态度，却与众不同。

由于王安石在地方上颇有政绩，宰相文彦博推荐他为开封府群牧判官，这也就意味着王安石结束了地方官的生涯，正式回到京城，进入中央。

对此，王安石完全没有升迁的欢喜。他觉得，过早地进入中央并非好事，毕竟“宰相始于州府”，若他不能在年轻时多在基层锻炼，那他就无法真切而且深刻地了解民生疾苦。若是这样，就算他日后能够身居高位，恐怕也无法实现为民谋福、为国分忧的理想。

考虑到这里，王安石毅然决定，请调离京，下基层，到地方，当父母官。

王安石多次请求外放，虽然朝廷最终同意了他的请求，调其出任常州知州。但是，朝廷对王安石颇为器重，仅仅过了两年，又将其征召回京。

至此，王安石担任地方官的时间，长达十五年。而这十五年的地方官经历，不仅锻炼了王安石的才干，而且为他赢得声誉。同时，十余年的地方官经历，不仅使增加了他的社会阅历，开阔了他的眼界，而且也让他亲身经历、目睹了底层人民的艰辛，对于宋王朝“积贫”、“积弱”的局面，王安石也有了一定的感性认识。

这一切的一切，最终让使得王安顺的心里装下了茫茫四海，装下了浩浩九州，并以此为基，从此树立了矫世变俗之志，坚定了富国强兵之心。这就是王安石的信念，变法强国的信念。

终于，在嘉熙四年（1059 年）的时候，面对大宋王朝积贫积弱的现状，王安石再也坐不住了。

他不眠不休，奋笔疾书，写成了长达万言的《言事书》，并递交给宋仁宗赵祯。王安石的《言事书》对官制、科举以及奢靡无节的颓败风气作了深刻的揭露，请求朝廷改革政治，加强边防，最后，他还提出了“因天下之力，以生天下之财，取天下之财，以供天下之费”的理财原则。

虽然王安石的《言事书》，并没有得到宋仁宗的鼎力支持，甚至，王安石提出的改革，也没能正式开展。但是，王安石为民谋福、为国分忧的信念，已经深深地烙印在《言事书》的千言万语中，并在十年后，开花结果，迎来重生。

3. 信念坚定，直面非议

1067 年，刚刚继位的神宗皇帝求贤若渴，对王安石器重有加，一天连发数道急令，催召王安石入京，为大宋实现《言事书》中设计的变法图强的理想。

此时的王安石心情无比舒畅，他认为自己得到了大展宏图的机会，于是冒着鹅毛大雪，星夜直奔京师。然而，变法之初，朝廷内外对王安石却多有非议，认为他的变法主张，过于激进，恐怕会将大宋带入万劫不复的深渊。到了后来，这种非议，甚至演变成了政见上的分歧。

早在王安石入阁拜相之前，朝中便有一些人对王安石颇多非议，譬如同为唐宋八大家之一的苏洵。苏洵是苏东坡的父亲，也算一代文豪，嘉祐年间，苏洵的文章名动京师，人人交口称赞，唯独不善交际的王安石没有一言褒奖。后来，据说苏洵特意写了一篇《辨奸论》，讽刺王安石“衣臣虏之衣，食犬彘之食，囚首丧面而谈诗书”。

此文流传至今，学界尚未确凿地肯定是苏洵亲笔，但是，从这篇带有人身攻击的文章中，我们不难看出，王安石及其变法，遭受了多大的非议，甚至可以说是侮辱。

更可怕的是，王安石推行变法以后，不仅遭到了政敌的围攻，甚至连他的至交好友，譬如司马光和苏东坡，都站出来极力反对。

毫无疑问，司马光和苏东坡都是堂堂君子、千古名臣，同时，他们也都是王安石的知己好友。他们欣赏王安石的学识和才华，但是，对于王安石极力推行的变法，二人却并不认同，或者说，他们并不看好变法的前途。

司马光和苏东坡都承认大宋弊端丛生，但是，他们认为久病不能用猛药。大宋已沉疴已久，不宜大刀阔斧地进行改革，即便要改革，也应循序渐进。出于这种考虑，二人都站出来反对变法。当然，他们的反对，更多的是反对王安石的变法主张，而不是针对王安石的学识和人品。

面对朝堂内外的非议，以及亲朋好友的反对，王安石自然不太好受。但是，他的理想，他的信念，他的变法决心，却从未动摇过，因为他深信一点——天变不足畏，祖宗不足法，人言不足恤。

与其说王安石的坚持是一种执拗，不如说这是一种执着，对变法图强、富国强兵的理想的执着追求，对为民谋福、为国分忧的信念的坚决守护。

虽然变法最终以失败告终，但是，他的信念，他的理想，他的抱负，却足以光耀古今。以至于时隔数百年后，中国近代的改革家梁启超，依旧会怀着崇敬的心情，写下一部煌煌巨作——《王安石传》。文中，他甚至这样称赞王安石：“三代下求完人，惟公足以当之矣。”

域外经验

德国公务员的忠诚义务理念

德国的公务员，在使德国成为一个现代化强国过程中，立下丰功伟绩，其公务员的纪律及忠诚度，亦得世人颇多赞誉。

1. 德国公务员的三大原则：忠诚、保守节制和品位

公务员忠诚义务是国家和公务员之间的心理契约，具有伦理道德和法律的双重属性。德国公务员忠诚义务理论认为，忠诚义务包括忠诚原则、保守与节制原则、品位原则等三大原则，这一理论对我国公务员忠诚义务问题具有借鉴意义。

公务员是具有公共精神的一个职业团体，它要求公务员在履行职责时做到忠于职守、勤勉尽责、遵守纪律、恪守职业道德、模范遵守社会公德、清正廉洁、公道正派。

公务员忠诚义务，它在消除国家与公务员之间的信息沟壑、提高行政效率和行政满意度、稳定行政秩序、提升行政文化等方面有积极意义。

忠诚原则：

公务员的忠诚义务是公务员与国家之间的心理契约。公务员的忠诚义务是伦理道德义务，公务员是公法的执行者，公务员的忠诚义务就是要求公务员在执行公职以及与公职相关的行为中，要忠于职守、尽心履职。公务员是拿人民的纳税钱为国家和人民服务，尤其是常任文官，都是终身任职，替国家服务，不能像一般国民能尽一己之力谋求经济上的利益，所以国家应该要求公务员有最高的忠诚观。

忠诚义务可以分为消极的忠诚和积极的忠诚两类，消极忠诚要求不能做出违背国家利益的事，这也是一般民主国家的要求；积极忠诚要求公务员要挺身反对任何对国家不忠的行为，包括驳斥、检举的行为在内。

节制与保守原则：

节制与保守原则是针对公务员而言的，在实践中，职务内外的节制标准有异。在执行职务期间，公务员发表涉及政治言论，只能在不影响工作执行及工作情绪、被视为私人谈话则许可，但仍要保守，不得公开、煽动；在公务之外，须要遵循节制原则，不能蓄意蛊惑群众。

品位原则：

公务员忠诚义务不仅仅约束公务员的公务时间，在公务之外，也应该奉行忠诚义务。品位原则就是公务员在公务之外应该保持品位义务，即保持令人尊敬的行为义务。公务员应全力贡献其职务，并大公无私地、竭诚地履行勤务。从理论上讲，对公务员职务的约束，可以一直扩充到职务外行为领域，既然自愿加入公务员行列，自愿放弃其基本权利，其在职务外的私人行为期，仍受职务纪律约束。

在德国对公务员的行为有着非常严格的规定，如对公务人员受贿处罚金额为 30 欧元（相当人民币 300 元），连续三次受贿 30 欧元就要开除公职，并且对行贿和受贿者的处罚是对等的。公务员法律专门规定，任何公职人员接受相当于 20 欧元的礼品包括公务礼品都必须申报上缴，征得上级同意才能留给个人，绝对不准收现金。如果接受礼物有为当事人谋利的行为，影响公正执行公务，再少金额的也会受到追究。

2. 启示与反思：

现今时代，我国有些干部也讲忠诚，但那是一种离开正确的思想和政治原则而将对某个人的忠诚凌驾于对党对人民的忠诚之上的忠诚。有的干部为了寻求靠山、保护伞，攀附权势、俯首听命于某个领导干部个人；有的领导干部用人也看忠诚，但主要是看其对我忠诚与否，顺我者为忠、不顺我者为不忠，这样就形成对个人忠诚的怪圈。这样的忠诚往往演化为物欲交易，一旦无法从中获益，就轻易地违背当初宣誓的誓言，这样的忠诚不是那种发自内心的、为之奉献个人才智的忠诚。这种结党营私，钱权交易的行为，对党和国家的事业是极大的损失，也是对国家忠诚的亵渎。

公务员首先应该忠诚于国家，忠诚于国家的法律制度、国家的安全、国家的荣誉和利益。我国是共产党领导下的人民民主专政国家，公务员应该忠诚于党的基本路线和方针政策，忠于党所领导下的人民群众。公务员是代表国家从事公务的人员，应该忠于职守，勤勉尽责，依法办事、清正廉洁，公道正派。公务员忠诚义务应该在时空范围内展开。执行公务时，理所当然要勤勉尽责、承担应尽的义务、提高行政效率；在公务之外，要严格遵守职业道德，注意自己的形象、言论、行为，不得出现有悖于职业要求的现象，否则可以认定为背叛忠诚义务，即使离职以后，也必须遵守择业限制义务。在公务场合，应该以公务员的要求规范自己，在非公务场合，也应该遵守公务员的行为准则。

香港公务员管理的六大启示

鉴于历史的原因，香港公务员管理体制源自英国文官管理制度，既有西方文化的显著特色，亦有明显的东方文化的内在底蕴，拥有常任稳定、团队合作、廉洁高效、专业精细、政治中立等诸多特点，尤其是在效率和廉政方面的管理业绩，颇受国际社会和公共行政专家的好评。

总体看来，香港公务员管理工作做得比较好，尤其体现在精细、专业、高效和廉洁上。其原因可概括为四个方面：一是有规则，即拥有科学合理的规则，并能认真加以贯彻和落实；二是能监管，即能对公务员实施有效的监管，而公务员亦能自觉遵守诸多的监管规则；三是精细化，即管理措施精审细化、周全到位，而执行人员处置起来亦颇为专业和得当；四是善创新，即在实际工作中一旦发现新问题或环境发生了新变化，就会在调查研究的基础上及时制定新的补充措施以完善现有的制度与规则。香港在公务员制度设计以及实际的公务员管理方面都有一些值得内地学习和借鉴的原则思维和具体做法。

香港公务员制度成长于香港这块土地上，其制度设计基于社会发展环境，并须有效促进社会发展，既有西方文化特色，又有东方文化底蕴。虽然香港公务员制度最初的建立，源自英国殖民管理的需要，但是随着社会的发展，也进行了多次富有成效的改革，使其逐步过渡到有效适应香港回归后的经济发展和社会进步的需要。

一、以人为本，依法管理。香港政府明确要求公务员服务社会、服务市民，但其公务员自身管理工作则坚持以人为本和依法管理的基本准则。1997 年香港回归后，其公务员管理的法律依据是《基本法》，如香港特别行政区享受的行政管理权即源自基本法第二条的规定；其次是《公务人员（管理）命令》、《公务人员（纪律）规例》和《公务员事务规例》等三个重要文件，比较详细地确立了香港公务员管理的可操作性制度；最后还有《公务员守则》和《公务员叙用委员会条例》以及一系列的法案等，确立了公务员的职业操守和公务员管理特殊的平衡约束制度。

二、培育理念，服务市民。香港政府重视公共服务工作，倡导公务员服务社会和服务市民的基本理念，如组织或个人的“理想”、“使命”、“信念”、“品行和纪律”等，并将这种理念注入日常行政管理工作中。香港公务员的组织文化意识浓厚，特色颇为明显，其管理制度明确。概括起来说，香港倡导并要求公务员做到坚守法治，为民服务；诚实可信，廉洁守正；行事客观，不偏不倚；政治中立，有责任感；尽忠职守，专业勤奋；化繁为简，齐心协力；积极进取，不断学习等。这些为民服务的理念，会贯彻到日常事务和培训工作中去。

三、公开入职，机会均等。在公务员招聘工作中，通常是组建一个由三人构成的委员会，同时确立了招聘委员会成员的回避、应聘者本人查阅和投诉申诉甚至起诉索赔机制，有效保障了香港永久性居民进入公务员队伍机会的均等化。例如，应聘者对应聘结果存有疑问，就可申请查阅本人应聘过程的所有资料，如发现有足够的证据证明在招聘过程中存在问题，即可向有关机关提出申诉甚至提起诉讼并要求索赔。因此，整个招聘工作在面试过程中的所有活动都会严格遵守法定程序并会详细完整地将有关情况记录下来，以备查考。实施的关键是，招聘与晋升工作中的那些考试和面试资格要求没有歧视性，岗位要求明确，透明度高，公开性大，如本人有权查阅并可申诉或诉讼，也就避免内地频繁出现的“萝卜招聘”现象。

四、考绩鉴能，公平升迁。香港在公务员考核和晋升等工作中，重视并尊重公务员的权利，确保实现公务员自身发展的公正公平和机会均等。例如，在公务员的年度考核过程中不仅使被考核者有权知晓自己的考核过程与考核结果，并需要被考核者签署意见；而且在考核人签署考核意见后，尚须有加签人和复核人签署意见。加签人制度和复核人制度，是公正公平原则的制度化措施。其中，加签人通常比考核人高出一至两个级别，而复核人是考核委员会的委员。考核委员会，通常也是一个三人小组，且不连任。值得注意的是，香港公务员年度考核的重点实际上就是公务员的工作业绩和核心能力，不像内地要考核“德、能、勤、绩、廉”等方面的内容；晋升工作也会像招聘和考核那样，建立由三人构成的委员会，但晋升考核的重点是个人品格、工作业绩和核心能力。

五、物质保障，精神激励。香港在公务员激励方面，不仅注重物质方面的保障，而且极其重视精神方面的激励。应该说，香港公务员的薪酬水平延续了殖民时期遗留的高薪养廉特征，福利待遇也比较好；更重要的是，香港在公务员管理工作中充分展示和应用了精神激励的重要功能。例如，颁发勋章、嘉许奖状、嘉许函等，部门首长有权发嘉许公函、公务员事务局长有权颁发嘉许状，行政长官有权颁发勋章和公共服务奖状；遇有表彰活动时，会邀请获表彰的公务员的家属参加，等等。这种奖励或表彰以及年度考核优秀等次，都不会出现内地的轮流坐庄或人情平衡等现象，而完全是依据公务员自身的工作业绩和核心能力。

六、内练素质，外悬警剑。香港在公务员管理中还有两个领域极其重要：一个是教育培训，强调持续的学习，内养公务员的职业品格；一个是廉政建设，为公务员设置护栏与禁区。前者是从人自身的角度提升公务员的职业品德与职业素养，起到了内在的基础性作用；而后者像一把高悬的警示之剑，起到有效的威慑作用。

现实样板

朱彦夫：无手无脚信念强

1. 不可思议的数字

假如有人告诉你，你的一生将面临这些磨难：

14 岁当兵，上百次战斗，10 多次负伤，18 岁重残，昏迷 93 天，动过 47 次手术，失去了四肢和左眼，右眼的视力只有 0.3，心脏放进 5 个支架……

如果这样的命运在等待着你，你将作何感想呢？将如何面对这一切呢？

每个人可能都会觉得这些无法想象，难以承受这些苦难。

而这样的命运就落在一个在我们身边的人身上，这位已经 80 多岁的老人，不仅顽强地活下来，而且创造了奇迹。他就是用超人的毅力，向人生挑战，被誉为当代中国的保尔·柯察金的——朱彦夫。

朱彦夫这位经历了朝鲜战争的重残军人，主动放弃休养所的特护待遇，不仅以坚强的毅力做到了生活自理，还回乡担任村党支部书记长达 25 年，带领村里群众治理荒山、兴修水利、发展教育，把一个贫穷落后的小山村，建成远近闻名的先进村。

1982 年至今，从村党支部书记岗位退下来后，从来没有上过一天学得朱彦夫，靠着用嘴衔笔、残肢抱笔，历时 7 年，七易其稿，创作完成了两部震撼人心的 33 万字自传体长篇小说《极限人生》和《男儿无悔》。时任中央政治局委员、中央军委副主席、国防部长迟浩田亲笔题写书名并题词："铁骨扬正气，热血书春秋。"

2. 身残志坚：做生活的强者

高尔基说过：艰苦和挫折是人生的老师。有的人在挫折面前倒下去，有的人退缩了；而有的人，他冲上去，战胜了困难，征服了挫折。这样的人，才是生活的强者！

失彦夫本来可以一辈子在医院里生活，但他不愿虚度生命，毅然回了家乡。为了练习生活自理能力，8 个月就砸碎了饭碗 141 个，菜碟盘子 23 个，茶碗 7 个，泼掉饭菜上百次，因摔伤、冻伤用药 90 多次……在一次次的失败中，他一直与命运搏斗。失去双腿的朱彦夫，寒冬酷暑，忍着钻心的疼痛，经过无数次训练，数不清的失败与伤痛都没有能让他有丝毫的沮丧，而且练就了 4 种走路的硬功夫：站着走，跪着走，爬着走，滚着走。练就了自如安装假肢，拄着拐杖翻山越岭的本领。

3. 生命的两种方式：腐烂还是燃烧

被群众推选为村支书后，为了改变村里落后的面貌。25 年的时间朱彦夫没在家安稳坐过一天，6 座山上的每一寸土地，都留下了他摸爬滚打的“足迹”。最真实的情况掌握了，修堰、整山、治水、造田、种果，才一步一个脚印地推行下去，张家泉村一步步吃饱穿暖了，富起来了。

带领乡亲们打井时，一个大雪的清晨，朱彦夫第一个赶往工地。一不留神，拐杖拄到冰上，他摔倒在地，拐杖和假肢摔进了沟里。争强好胜的老朱，用残臂撑地，跪着向工地走去。被雪覆盖的石子，扎在膝盖上生疼。实在走不动了，朱彦夫干脆把残臂扔在雪地里，爬着走。陆续赶来上工的乡亲们，远远看到了正艰难爬行的朱书记。他仍然像一个战士，雪帘中匍匐着，坚定地前行。乡亲们抱起朱彦夫，号啕大哭：“老朱啊，你这是何苦。你放心，我们就是豁出命去，也要把井打出来。”

朱彦夫说：生命的方式有两种，一种是躺着腐烂，另一种是站着燃烧。他宁愿选择后者。

4. 艰难“化缘”，跋涉两万公里

两万公里是什么概念？是绕地球半圈。是差不多两个万里长征。走这两万公里，朱彦夫足足用了 7 年。1978 年，当改革开放的曙光照亮中华大地的时候，一盏盏微弱的灯光，也第一次照亮了张家泉和沿线的 11 个村庄。

山里太需要电了。正是“文革”期间，朱彦夫去找上级，上级说，电是说架就能架的吗？除非你自筹材料。朱彦夫下了狠心：自己去“化缘”。他拿着长长的清单，从上海到西安，从南京到胜利油田，跑遍了半个中国。

平时在村里，朱彦夫的假肢每两小时就要卸一次，时间一长，断腿就又痛又麻。可出门在外就顾不上了。一次要捆 10 多个小时，还要上下车、爬楼梯，腿磨破了、化脓了，他咬牙坚持。稍不留意磕到绊到，从楼梯上滚下来，新伤接着旧伤，他毫不在意，继续接着跑。

这只是为了电。干了 25 年的支书，究竟拖着 17 斤重的假肢摸爬滚打，走了多少路，谁也算不清，也永远算不清。

5. 书稿千斤重，能量永无限

他记不清，自己是倒在第一千零几场报告会上。但他清楚，自己作为一名党员，倒下的是肉体，跨不掉的是精神。

右臂没了知觉，双臂抱笔不行了，怎么书写这种精神，传承这种精神？他用铁环夹笔，用左手从头练习写字。1999 年，他又出版了第二部自传体小说《男儿无悔》，24 万字。他还惦记着，有些单位请他作报告，他还没有完成。

写《极限人生》，儿女们收集起他的书稿，半吨重！然而，这书中蕴含的力量，又何止千斤！

朱彦夫身上的生命密码还有很多，25 年支书，7 年写书，7 易其稿，数百万听众，无尽的精神财富……

6. 干部楷模：理想信念高于天

是什么让朱彦夫创造出这些感天动地的奇迹？答案只有一个，那就是坚定的信念。

让生命燃烧，让信念发光。这就是支撑他的精神动力。

朱彦夫以对“使命”的执着、对命运坚韧的抗争，以悲壮的形式，超越自我的人生极限，又谱写了一曲共产党人自强不息、无私奉献、精神文明建设的凯歌！

鲁迅说过：不幸是一所最好的大学。而朱彦夫，又是这所大学中灾难最为深重的人。他为了赢得战争的胜利，在与敌人进行殊死搏斗中，失去了四肢和一只眼睛；是他，为了减轻国家的负担，不依赖别人照顾，靠顽强的意志，惊人的毅力，学会了生活自理和文化知识；他为了改变家乡的贫困落后面貌，在村党支部书记的岗位上，一干就是 25 年；他在近半个世纪里，拖着一双假腿，在大江南北，留下他作革命传统报告的深深的脚印，留下他撒播精神文明火种的音容笑貌；他一天学没上过，用汗水、泪水、血水，用赤心，用生命，写下了用生命铸就的作品《极限人生》；他靠对党的坚定信念，靠对党的无限忠诚的精神，谱写了一曲美的人生价值的奉献之歌！

2014 年 3 月 26 日，由中共中央宣传部、中央党的群众路线教育实践活动领导小组办公室、民政部和中国人民解放军总政治部共同举办的“时代楷模”朱彦夫同志颁奖仪式，朱彦夫同志成为全国首位“时代楷模”。

朱彦夫就在我们身边，他的事迹值得每个党员干部深入思考，认真学习，当你身体健康，而不能为党为国奉献；当你面对困难，犹豫彷徨举步维艰；当你面对个人私利，深陷其中难以自拔的时候，请你好好想想朱彦夫，扪心自问，都会羞愧难当。只有以他为楷模，坚定信念，身体力行，无私奉献，才能无愧于党和国家，无愧于生命的价值。

沈浩：用生命铸就信念

1. 三次“红手印”，一生小岗人

假如人类能够预知死亡，在距离死亡的最后六年，你将如何度过？

2004 年猴年春节刚过，他从合肥省城直属机关来到小岗村当党委书记；2006 年秋天，带有 98 个小岗村民红手印的挽留信被递到了省委组织部和财政厅；又时隔三年，同为金秋，省委组织部再次收到按有 186 个红手印的挽留信；2009 年寒冬，小岗人第三次用红手印将他们的第一书记永远留下……

小岗村民为何对这位基层干部如此恋恋不舍，用按红手印的方式再三

挽留，而这位基层干部究竟又是何许人也？

他在村民面前，“眼皮子从不往上翻”总是跟百姓亲；他来自省城机关，却喜欢和百姓肩并肩；他为让村民过上好日子，两任村官，六载离家。他用坚定的信念，换来了一个美丽、和谐、富裕、文明的中国农村改革第一村。他用生命的最后六年宝贵时光，谱写了党员为民服务的可歌可泣的乐章，他就是“自称“农民儿子”的凤阳县小岗村党委第一书记——沈浩。

2. 不到 60 天，跑遍 108 户

沈浩来到小岗村第一天，不是躲在屋里取暖，而是先去了村里困难户的家里。“我要一家一户吃顿饭”沈浩对接待他的村妇女主任说道。

在接下来的日子里，沈浩用了仅仅一个多月的时间，走遍了全村 108 户，终于摸清了小岗的家底……这是一个怎样的概念，平均每天要拜访四户村民，还要记录和解决每家的情况和困难。沈浩如果没有为百姓办实事的信念，恐怕是不会有如此行为的。

“一朝越过温饱线，20 年没进富裕门”，有人用这句话形容小岗村。小岗村是历史上的名村，可地处偏远，交通不便是事实。2003 年全村人均收入只有 2300 元，村集体欠债几万元；村里到处是柴垛、垃圾，环境差；有人甚至对外派干部来小岗村有抵触情绪，提出“岗人治岗”。

面对这样的小岗村，夜深人静，沈浩在日记本里写下这样的话：“是啊！小岗肯定难搞，既然来了，还怕吗？要退缩吗？绝不!”或许正是这样的决心，让这个省城来的书记走进了小岗人的内心。

3. 不是来“镀金”，而是来办实事

沈浩刚到小岗村时，村民以为他下基层只是为了“镀金”，来村里待不了两个月，回去之后便能升官。沈浩却很清楚，要得到群众的信任和支持，就必须融入小岗，了解民意，踏踏实实干几件事，让村民了解自己、认识自己。

当然，他也是按照自己的目标去这样做的。

村里有一条泥巴路，出行十分不便。沈浩了解后，开始筹钱修路，修路期间他天天和农民泡在工地上，粗活累活抢着干。短短三个月，便解决了困扰农民几十年的难题。

路修好了，沈浩的眼里又有了其他事情，他开始张罗保护村集体财产、建设“村官培训基地”、建葡萄示范园、成立合作社、兴建党员活动室、卫生服务中心……一桩桩、一件件都实实在在地摆在了小岗村民的面前。此时，小岗村民相信这位书记是好官，小岗村再也离不开这位书记了。

沈浩说：“作为一名选派干部又身在名村小岗，更应该满怀信心，充满热情，努力工作，切实为老百姓办事，为建设社会主义新小岗贡献自己的力量。”

小岗村民说：“这样的干部我们觉得可靠，很难找!”

4. **坚守六年，只为小岗发展**

六年时光，说短不短。可对于沈浩来讲，这六年便是自己生命的浓缩。

在2008年9月30日，又是一个金秋时节，党的十七届三中全会召开前，胡锦涛总书记来到小岗村考察慰问，这让小岗村民倍感温暖和鼓舞，也让在场的小岗村领头人沈浩感到了沉甸甸的责任。

从此，沈浩更是将心思扑在了小岗村的发展上。每天夜晚，他都会思考：如何让村民日子过得一天更比一天好？如何才能实现社会主义新小岗村的建设？

随后，沈浩带领村“两委”班子，按照科学发展观的要求，拟订了小岗村新农村建设规划。

按照这个规划，小岗村做出了“一环两轴一点九区”的规划，并且对现有的村庄进行整治，包括建筑外立面、村容村貌整治，进而小岗将建设成现代农业的示范村、制度创新的实验村、城乡统筹的先行村、文明和谐的新农村。

5. 29 **本日记，笔笔皆是生命的坚持**

沈浩喜欢写日记，他会在日记里记录自己的想法、信念、感悟……在小岗村任职的六年里，沈浩共写了 29 本日记和工作笔记。

笔记中，不仅记录了搞土地流转时的困难，也记录了小岗村取得的一个个成绩。

2009 年 1 月，小岗村与“美国 GLG 集团”签下了投资大单。GLG 集团要在小岗村建立一个农产品深加工产业园。项目即将开始建设，地面必须进行平整。时间却只有短短的 5 天，而最大的难题则是迁坟。

迁祖坟，这可是农村天大的事情。

为了按期完成平整土地建设，沈浩带领其他村干部，挨家挨户上门做动员工作，沈浩要求干部带头迁。这样村民们才全动起来，最多的一家迁了 12 座祖坟。

村民韩庆江家爷仨哭着给祖先磕头：“咱们小岗村要发展，今天给你们搬家了。”

看到此景，沈浩泪水夺眶而出，抱拳三作揖，高声道：“先人们，沈浩向你们道谢了！父老乡亲，谢谢你们支持小岗村工作！谢谢你们支持咱们子孙后代!”

最终，全村 204 座祖坟，在预定时间全部迁完。

沈浩用自己的生命记录了六年的书记生涯，用 29 卷纸墨书写了小岗村的每一步发展，现如今，这字字句句都成为充满正能量的经典，督促着每一位党员干部为人民服务。

6. **干部典范：心存信念，万般难不畏惧**

究竟是什么原因让沈浩甘愿留在贫寒的小岗村？是何缘故让这位基层干部不畏困苦、付出生命？

答案只有一个：信念。

让小岗摆脱贫困，让村民过得更好，这就是沈浩心中的念想。即便他知道要想让这句看似简单的话成为现实，并非那么顺利和简单，但是他愿尽最大的力量，实现自己的信念。

沈浩用自己六年的信念坚守，向世人展现了一个共产党员干部应该具备的不怕苦、不怕难的精神。在小岗村，六年五个除夕夜，沈浩有三个除夕是和乡亲们一起度过的，他吃在小岗、住在小岗、工作在小岗，几乎很少回家，小岗就是他生命的全部。

在入党志愿书上，沈浩写道：在祖国和人民需要的时候，我将毫不犹豫地挺身而出，甘愿牺牲自己的一切。沈浩，真的做到了！

“两任村官沥血呕心带领一方求发展，六载离家鞠躬尽瘁引导万民奔小康。”

这幅挽联将沈浩六年的呕心沥血定格在小岗，深深刻画出他生命中最后六年的璀璨人生。

2009年11月8日，这位中国农村改革第一村的第一书记，因病辞世。2009年11月8日，胡锦涛总书记在批示中说，沉痛悼念沈浩同志。

沈浩在小岗村工作期间，先后荣获全国农村基层干部“十大新闻人物”特别奖、安徽省第二批选派干部标兵、安徽省改革开放“三十人三十事”先进个人、“全国百名优秀村官”等荣誉称号、2009年感动中国人物。2011年9月20日，在第三届全国道德模范评选中荣获全国敬业奉献模范称号。

沈浩，不仅是我们的榜样，更应该成为时刻提醒自己的典型。当你还能够感受到群众的热情时，却不懂得服务百姓；当你身居官职，却不能立足发展；当你遭受困境，却不愿承担责任；不妨翻阅沈浩的事迹，领悟他的精神，净化自己的内心，让自己成为一个信念坚定、群众信任的好干部！

知行合一

学习资源推荐

1.《极限人生》，朱彦夫著，新华出版社

2.《苦难辉煌》，金一南著，华艺出版社

3. 纪录片《苦难辉煌》，中央电视台

4. 纪录片《我爱你，中国!》，北京电视台

5. 纪录片《继往开来——红色经典党史纪录片合集》，中国国际广播音像出版社

我要行动

请思考研讨如下问题，结合实践写出自己的学习体会和行动计划。

* 我的人生信念是什么?
* 为了实现信念我将如何做?
* 面对部分干部信念迷失，我该如何帮助他们?

❷ 为民服务

* * * 为民服务箴言 * * *

◆因为我们是为人民服务的，所以，我们如果有缺点，就不怕别人批评指出。——毛泽东

◆我们应该把整个身心放在共产主义事业上，以人民的疾苦为忧，以世界的前途为念。——周恩来

◆一个真正的人，应该为人民用尽自己的才智，专长和精力，再离开人间。不然，他总会感受到遗憾，浪费了有限的生命。——曹禺

◆人的生命是有限的，可是，为人民服务是无限的，我要把有限的生命，投入到无限的为人民服务之中去。——雷锋

◆我无论做什么，始终在想着，只要我的精力允许的话，我就要首先为我的祖国服务。——巴甫洛夫

◆人生最美好的，就是在你停止生存时，也还能以你所创造的一切为人民服务。——奥斯托洛夫斯基

标准解读

为民服务是党员干部的最核心职责

作为一名党员干部，能否做到全心全意为人民服务，关乎其是否能称之为一名合格的人民公仆。纵观历史长河，唯有全心全意为人民服务的人才能被人民铭记于心。同样，一个国家的党员干部能否践行好这一核心职责，直接影响到这个国家的稳定与繁荣。

一、践行全心全意为人民服务的宗旨

回顾中国共产党九十多年的历史，不难发现这就是一部全心全意为人民服务的历史。无论在怎样的历史环境下，坚持全心全意为人民服务都是党取得人民支持的关键途径。同时，也是我们党的一笔巨大精神财富。在新的世纪里，作为中国共产党的一员，更需要一如既往地坚持和实践全心全意为人民服务的宗旨。

践行全心全意为人民服务的根本宗旨，就需要党员干部清醒地意识到，全心全意为人民服务是我党的立党之本、执政之基，“党在任何时候都把群众利益放在第一位”。

身为一名党员干部，做每件事情的出发点不是“为己”而是“为人”，不思“利己”而思“利人”，而“人”指的就是百姓，就是人民群众。

全心全意为人民服务不是一句空话，更不能空谈。在不同的历史时期，为人民服务有着不同的内涵和要求。在新民主主义革命时期，要求党

员干部全心全意为人民服务，即领导广大人民群众推翻“三座大山”的压迫和剥削，建立新中国。到了在社会主义现代化建设时期，为人民服务集中表现为坚持党在社会主义初级阶段的基本路线不动摇，从根本上消灭贫穷，实现共同富裕，满足人民不断增长的物质文化生活需求。面对不同时期的不同历史任务，党员干部需要结合实际，从全党和全民族人民的利益出发，最大限度地实现党的宗旨，更好地为人民服务。

作为共产党员，无论身处什么岗位，从事什么职业，都应该时刻坚持党的基本路线，将为人民服务作为自己的行动指南。从而为发展生产力和推动我国社会全面进步贡献自己的一份力量。

党员干部要想真正做到“立党为公，执政为民”，就需要时刻将把自己当成人民公仆，把群众当作衣食父母，尽心竭力为群众工作，要永远记住“群众事，无小事”。无论是群众发生了怎样的事情，或者是需要干部怎样的帮助，都应该在第一时间，站在国家和人民的角度去思考，帮助群众解决实际困难。党员干部要通过深入开展党的群众路线教育实践活动，进一步增强群众观念、群众意识，不断提高自己的思想境界，把全心全意为人民服务作为自己一切工作的出发点和落脚点，从而真正做到低调务实、少说多干、积极服务，真正做到一心为公、一心为民，不辱使命、不负重托。

在当今社会，面对人民对物质文化水平的需求不断提高的情况，党员干部更应该用自己的行动来尽量满足群众的需求，让人民群众的生活更加幸福和无忧。这样的党员干部，才是具有群众观点、具有高尚道德境界的党员干部。当前，人们的思想观念和价值取向更加多元、多样，这也就更要求党员干部能够站在社会发展的最前沿，从群众的角度出发，全心全意地服务群众、关爱群众。

二、党员干部切忌：“拍脑袋”决策、“脸面”工程

深怀爱民之心，恪守为民之责，善谋为民之策，多办利民之事，这是各级党员干部实践全心全意为人民服务宗旨和“三个代表”要求的具体

体现。

无论何时何地，作为党员干部都应该将“民”装入自己的脑子，了解百姓的思想，听取群众的意见，也就是提高“知民度”。人民群众是党员干部的衣食父母，是党的执政基础、力量源泉、胜利之本。要想决策正确，有利百姓，自然就需要先“知民”。所谓“知民度”，也就是指了解和掌握人民群众真实情况、思想意识的程度。做到“知民”，才能做到“为民”，这也是为人民服务的前提。

各级干部要想了解百姓的实际生活情况，从而提高为群众办实事的质量，就需要对人民怀有深厚的感情，扎扎实实地深入到群众中去，对百姓生活进行细致入微的调查研究，真正了解百姓希望“当官的”做什么，在思想上与百姓合拍，感情上共鸣，最终，赢得群众的信任和支持。而不是单纯的靠官员干部的“遐想”，坐在办公室里拍脑袋做决策，这样的决策往往是偏离实际和偏离群众意愿的，结果也往往是办事不成，反而给人民造成损失。

每一位党员干部都应该坚持“从群众中来，到群众中去”，正确判断人民群众的利益和愿望，不仅要为人民群众眼前的切身利益考虑，更要从长远的根本利益来做决策。因此，党员干部不妨走到百姓中间，自觉主动地去敲敲百姓的家门，看看百姓的苦处，听听老百姓的心里话，从百姓的口中听到他们的真实想法和心声，了解百姓对党的期望和建议。

党员干部要想真正做到为人民服务，得到人民的尊重和支持，就需要真正站在百姓的角度思考问题，而不是站在自身角度去思考和决策。在当今社会，有些干部为了应付检查、应付群众的监督，出现了错误的政绩观，花巨资打造政绩工程，这样的行为不但不利民，反而是“害民”，这种看似出发点是为人民服务，实际则是损害人民利益为自己服务。

每一位党员干部都应明白，真正做到了解民心，体察民情，掌握民意，才能得到人民群众的理解和支持。千万不要单纯凭借主观主义、经验主义、官僚主义行事。只有放下“官架子”，深入基层，才能够做到真正为百姓做实事、做好事，也才能够真正的实现为人民服务，避免出现“决策不对路子”、“行动没有价值”的情况。

三、为人民服务秘诀：人民眼前利益与长远利益相结合

很多党员干部会心生疑惑，如何才能真正做到为人民服务，同时，通过自己的工作和努力，让得到群众的认可，为人民真正创造价值?

如果你心生疑惑，不妨告诉自己无论做任何决策都要立足人民利益，问问自己这样做是否对人民有利，是否能够让人民长久获利。

作为一名共产党员，时刻应该立足人民利益，以人民的长远利益为出发点，同时照顾和解决好人民的眼前利益，避免出现只顾眼前而忽视长远发展的现象。

党员干部无论做什么工作，都要以对党和人民有利为尺度，都要为人民谋利益，而不能对个人私利孜孜以求。特别是在深化改革时期，利益格局有所调整的情况下，共产党员更是需要胸怀全局，乐于奉献，立足人民。

全心全意为人民服务是每一个党员干部的职责所在。而是否真心服务人民，是否心系群众，则是衡量党员干部是否合格的试金石。我们党的根基在人民，血脉也在人民，力量来源也是人民，只有让得到人民的信任和依靠人民，才能够保证国家的顺利发展。因此，党员干部应该以人民利益作为做好各项工作的出发点和落脚点。尤其是在从事基层工作的干部，如果没有深入到群众中，了解群众所需所爱，就没有发言权。

一名合格的党员干部，往往能够站在群众的角度去思考和处理问题，不仅能够解决人民的眼前利益，同时也能够为群众长远获利考虑。这样的党员干部才能够得到群众的信任和支持，也才能让人民成为他的最坚强的后盾。

权为民所用，情为民所系，利为民所谋

一、水能载舟，亦能覆舟

纵观历史，能够了解更多为官之道、为民之利。唐太宗李世民，创立了“贞观之治”的太平盛世，当然，世人都知道他是一个知人善任的明君，在唐朝，名臣魏征更是被世人所敬重，一次，魏征在与太宗议论治国之策时，提出“水能载舟，亦能覆舟”的英明论断，他以君主比作船，将百姓比作水，水既能使船安稳地航行，也能使船沉没，从而阐明了一个治国安邦的深刻道理。

直到今日，这一道理仍然适用。在社会发展的今日，党员干部便是舟，百姓则是水。对百姓尽职尽责的干部，自然能够得到百姓的爱戴，不能善待百姓的干部，则会被百姓推翻。所以党员干部要时刻牢记“权为民所用，情为民所系，利为民所谋”。

封建社会下的各王朝，君主永远处在社会最顶层，而现代社会的党员干部本身也是人民群众的一分子，来自人民群众，与人民群众是血肉相连的，因此，要更能够从群众的角度去思考问题。

伟大领袖毛泽东曾经说过：“我们共产党人好比是种子，人民好比是土地”。可见，离开土地的种子，是无法生根发芽的。

不同时代，社会形势也不同。可是，无论处在怎样的社会形势下，党员干部都需要始终保持与人民群众的血肉联系，不仅要一切相信群众，更好一切依靠群众。人民群众才是真正的英雄，才是历史的真正缔造者，这是马克思主义的基本观点。党员干部树立了群众意识，才能够时刻摆正自己与群众的关系，在行动上亲民爱民。也只有这样，党员干部才会尊重群众的安危冷暖，倾听群众心声，关心群众疾苦，切实解决群众的实际困难。

二、若想“三为民”，必先“正三观”

权为民所用，情为民所系，利为民所谋。强调的是“权”、“情”、“利”，这就要求党员干部能够切实从这三方面出发，真正意义上实现一切为民。

首先，要做到权为民所用，就需要党员干部端正权力观，强化各种监督机制。

我们党作为执政党，党的干部便掌握了党和国家赋予的各级领导权，党员干部能否正确地认识和对待自己手中的权力，就直接影响其能否正确地运用权力为人民服务。在宪法中明确规定：“中华人民共和国的一切权力属于人民”。可见，人民作为国家的真正主人，是一切权力的所有者，领导干部手中的权力是人民赋予的，作为领导干部是必须明确这一点的。

人民赋予了党员干部权力，自然就需要通过对权力的运用实现人民的意志和愿望，如若党员干部将手中的权力看作是自己的，做事情仅仅从自身利益出发，那么便是以权谋私了，这不符合马克思主义的权力观的要求。

随着社会的发展，我们不否认有一些领导干部却出现了“官本位”思想严重，他们将自己的升官发财当作是人生目的，从而将人民的利益抛在了脑后，因此，这些人倾心于“一朝权在手，便把利来谋”。甚至，有的人认为“权力是个人奋斗获得的”，于是工作中以权谋私。有的官员还认为“权力是上级给的”，因此，只对上级负责，不对人民负责，“不怕群众不满意，就怕领导不注意”，这些都是错误的思想意识。

党员干部要做到权为民所用，就必须明白“民赋劝”的道理，做到勤政为民，用手中的权力尽量为人民办实事、谋实惠。在百姓眼里，好官便是千方百计、积极主动、真心实意为人民办事的人。

所谓“在其位，谋其政”。既然有幸得到人民的信任，权力在握，就应该“尽其职，思利民”。而要做到这点，就需要加强对权力的监督。建立科学合理的监督机制和制约机制，从决策和执行等各环节加强对权力的监督，尤其是要实现党内监督、群众监督、法律监督、舆论监督相结合，建立完备的监督体系，让群众看到领导干部怎样运用手中权力，怎样为人民谋福利。

其次，做到情为民所系，关键是树立正确的情意观，与群众同呼吸共命运。

人是有感情的高级动物，每个人都有属于自己的感情世界，可是作为党员干部，你的感情不仅要心系亲朋好友、同事邻里，更要心系人民群众。

党员干部对人民群众充满感情，才能够主动地为群众着想，一心为百姓做实事，这样才能赢得民心，这也关系到党和国家政权的兴衰成败。

孔繁森曾经讲过：“一个人爱的最高境界是爱人民”。对于党员干部来讲，只有情系人民群众，才能够在执政为民的实践中播撒下一片片人间真情。但是不能说所有的干部都是如此，也有一些领导干部没有树立起正确的情意观。

有的官员“情系”的只有官位，对上级领导“情深意重”，尽量巴结上级，从而爬到更高的位子。有的官员“情系”亲友，为了满足亲友的利益要求，不惜牺牲群众的利益，不惜践踏党纪国法；有的官员则与大商人“情意浓浓”，在“友情”的光环下做权钱的不法勾当。这些情意观都有损群众的利益，与“情为民所系”是背道而驰的。

情为民所系，需要每一位党员干部发自内心的热爱人民群众，真心实意的将群众的事情放在心坎儿上。做到“乐民之所乐，忧民之所忧”，只有这样群众也才会将官员放在心坎上。

无论是“非典”时期，还是汶川地震，无论是面对自然灾害，还是面对社会变迁，每一位官员都应该心系百姓疾苦，摆正自己同人民群众的关系和位置，时刻让自己的心与百姓的心相连，始终与人民群众同命运、同呼吸。这样的官员，才能够得到百姓的爱戴，才能够走进群众的内心，也才能够称之为中国共产党的一员。

最后，做到利为民所谋，关键是树立正确的利益观，坚持人民的利益高于一切。

作为党员干部，你想问题、做事情的利益出发点是什么？有的官员总是从自己的利益出发、从亲友的利益出发，根本不顾及人民群众的利益，这样做怎么会得到百姓的认可和信赖？

利为民所谋就要求党员干部能够全心全意为人民服务，一切从人民的利益出发，为了人民能够过上好日子，实现小康生活，让人民过得更好。

可是，一些党员打着“人民利益为方向”的旗号，实际上却把个人利益放在第一位，一切为了自己的仕途而考虑，这样的官员势必被群众唾弃，被时代抛弃。

“三为民”思想的三个方面是紧密联系的，是绝对不能分割的统一体。只有实现“权为民所用”，才能谈得上“情为民所系”，只有心系人民群众，才能真正意义上做到“利为民所谋”。

三、实现为民服务的关键：党性修养

作为一名中国共产党党员，要想始终做到权为民所用、情为民所系、利为民所谋，真正树立正确的权力观、地位观、利益观，就需要不断提升自我党员先进性，提高党性修养。从那些落马官员身上不难看到，他们多半是缺乏自我党性的修养，从而坠入腐败的深渊。

提高党性修养，首先，需要不断学习，紧跟时代步伐。不仅需要牢固树立正确的世界观、人生观、价值观，更要对一切美好品质进行学习。列宁曾经指出，“只有用人类创造的全部知识财富来丰富自己的头脑，才能成为共产主义者”。一个善于学习的人，不仅能够掌握最新的知识，也能够摒弃糟粕，汲取对自身有利的营养。善于学习的党员干部，会在马克思主义理论知识、市场经济知识，又有科技文化知识的全面指引下，确立正确的世界观、人生观。每一个党员干部都应该抽出足够的时间，进行理论知识的学习，从而在实践中，将理论知识转化成价值，从而实现自我完善

和不断进步。

其次，时间是检验真理的唯一标准，因此，对自身党性的修养也离不开时间行动。只有在实际工作的锻炼中增长才干，才能够真正达到锻炼自我和提高自我素质的目的。同样，实践锻炼是加强党性修养、增强群众观念、改造精神世界的必由之路。每一位党员干部应该敢于投身到艰苦的工作环境中，克服一切困难，在工作中艰苦奋斗，最终做出一番业绩。

最后，要自我警示，自我监督，从小事情上抓起。所谓“千里之堤，溃于蚁穴”，无论是在生活上还是在工作中，在思想上都不能放松警惕，否则就会放纵自己，在错误的道路上越滑越远。因此，党员干部不可“勿以善小而不为，勿以恶小而为之”，一定要做到谨小慎微，从严要求自己，时常自省自律，只有这样才能够正确对待群众，对待自己，实现自我素质的提高。

为民服务要“俯首甘为孺子牛”

一、两种境界，一种奉献

党员干部践行为人民服务的宗旨，就需要发扬俯首甘为孺子牛的精神，这究竟是一种怎样的精神？有人说是任劳任怨的精神，有人说是一种干活不要命的精神。可无论是怎样的说法，要发扬这种精神，党员干部需达到以下两种境界：

一是“俯首”，即俯下身去为百姓做事情、低下头为百姓考虑问题。这就要求干部能够坚持从群众中来，到群众中去，真正能够和群众打成一片，做到听民声、访民意、察民情、排民忧、解民难。

二是“甘为孺子牛”，也就是要求党员干部充分发扬人民公仆的精神，在群众面前，绝不当官老爷，也不耍威风，更不摆架子，不要认为自己是“主”，百姓是“仆”。绝不损害人民利益，要能够从心底里把群众当作自己的衣食父母和兄弟姐妹。

一位合格的党员干部能够将这两种境界作为自己为官之道，发扬俯首甘为孺子牛的精神，而这种精神具体表现为群众而甘心奉献的精神。

在社会不断发展的今天，有人认为“奉献精神”已经过时，其实不然，尤其是对于党员干部，这种大无畏的心甘情愿为群众做奉献的精神是永远不会过时的。无论社会发展成什么样，这种精神永远适合人民的内心需求。

发扬奉献精神不仅是社会的需要，也是我党践行为人民服务、党的群众路线的本职要求。奉献，不单单是一种高贵的品质，更是一种责任与担当。“俯首甘为孺子牛”的奉献精神是检验党员干部党性修养、工作作风的试金石。党员干部应将这种精神牢记于心、付之于行。反之，如若党员干部丢掉奉献精神，那么工作中就只贪图享乐，对人民群众的疾苦也会充耳不闻，这样就必然会导致脱离群众，从而便听不到群众的心声、看不到群众的需求，自然也就无法带领人民群众开创更加美好的未来。

二、为民服务的动力：汗洒大地，笑存民间

“俯首甘为孺子牛”，是伟大的文学家鲁迅先生的一句名言，“孺子牛”就是比喻那些全心全意为人民服务，无私奉献的人。无论是古时的贤臣清官，还是现如今的模范榜样，他们都是在尽心尽力为百姓做事情。故此，古代贤能可以被时代人民称颂，现今模范也能够得到世人尊重。

共产党员林炳熙生前曾说：“常在河边走，未必能湿鞋。”林炳熙不仅是福州长乐国际机场工程指挥，更是一名共产党员，他官虽然不大，但却有实权，自从上任以来，他没有信奉“有权不用，过期作废”的信条，面对从手中流过的数亿元资金，他没有想过占为已有。

林炳熙在他参加工作的 25 年里，每天工作时间都在 15 个小时以上，累积加班加点的时间长达 20 年。他坚持在繁忙的工作中刻苦钻研业务，

为国家节约建设资金 3000 多万元。他调回福州 14 年，参加修建了 15 条公路、两座立交桥和长乐国际机场跑道、停机坪等。1995 年 9 月 2 日晚，林炳熙累倒在他的工作岗位上，再也没有醒过来。林炳熙用自己的汗水在为国家、为人民做事情，他的动力来自哪里？很明显，他的工作动力不是来自金钱，更不是来自地位，而是来自老百姓。在修建好一条公路后，他能够看到人民群众微笑的面孔，或许这就是他愿意付出自己的汗水和生命的动力所在。

同样作为共产党员的你，是否愿意为了人民群众的笑脸付出自己的汗水？是否能够摆脱金钱的诱惑，真心实意地为百姓做点事情？

作为一名领导干部应该时刻谨记人民群众大如天，只有人民群众快乐幸福，自己才有资格获得快乐。如果将自己的快乐建立在损害人民群众的身上，那么你就没有资格再为“人民公仆”。

权力是为民服务的工具

一、为民服务，是公民的权利

作为党员干部，应该时刻学习贯彻十八大报告的精神，做好“民”字文章，坚定不移地落实“以人为本”的科学发展观。不仅如此，“坚持以人为本”，是中国共产党十六届三中全会《决定》提出的一个新要求。以人为本，要求从人民群众的根本利益出发，不断满足人民群众日益增长的物质文化需要，切实保障人民群众的经济、政治和文化权益，以实现人的全面发展为目标。

党员干部要想做到“以人为本”，就需要切实提高为人民服务的能力，了解百姓所需，将人民高兴不高兴、幸福不幸福、赞成不赞成装在心里，作为工作唯一标准。为人民服务，这也一直以来被认为是共产党人最神圣而又最朴实的承诺，也应该成为党组织以及党组织成员的基本信仰和思想理念。如果从法学的角度来分析为人民服务的理念，体现的则是要保障人民即公民的权利，以人民的利益为工作出发点。可见，为人民服务是一种公民的权利，是人民的权利，绝非是党员干部的权利。人民拥有被服务的权利，则党员干部为人民服务则是其职责和义务。

为什么说为人民服务是一种公民的权利呢？要想找到准确的答案，就需要对“权利”这个词眼的概念有所了解。

权利包含着五方面的要素：一是利益。一项权利之所以能够被称之为权利，具有存在的价值，是为了保护某种利益，是出于“利”在其中；二是主张与要求。一种利益如果没有了某些人的要求和思想，则也是不能被称之为权利的；三是资格。提出权利并不是所有的人都有这个资格，因为提出利益主张需要具有某种凭据，即要有资格提出权利要求才行；四是力量。一种利益、主张、资格必须具有实现的力量才能成为权利；五是自由。权利主体可以按个人意志行使或放弃某种权利，不受外来各种因素的干预或强迫。这五方面的要素是从法学角度来考虑的，我国是一个法治国家，因此，人民追求利益往往也是需要通过行使自己的权利来实现的。作为国家各级机关的领导人员，应该将实现人民的权利为自己执政之基，保障人民的权利能够实现。

对于人民的权利而言，某个个人可能侵犯，国家机关也可能会侵犯。所以，国家首先要做的就是尊重人权，用各种手段来保护公民权利不被侵犯。可是不得不承认，某些党员干部没有履行为人民服务的宗旨，从而得不到人民的爱戴和信赖。尤其是个别手中握有大权的官员，根本没有意识到自己的权力是人民服务的，做事情根本没有从人民的角度去思考，而是一味地从自己利益思考。深圳市原市长许宗衡就是一个很典型的反面教材，他不但榨取了人民利益的 20 亿资财，还把 20 亿全部花在买官卖官、玩弄女性、寻找后台、巩固自己官位上，根本没有一分钱是用在为人民服务上，这样的干部怎么可能得到人民的信任，怎么可能成为人民心目中的好官？

公民有权要求官员为自己的利益而服务，而各级党员干部也有义务服务大众、扎根群众。只有这样官员才能真正被百姓认可，自己也才能避免误入歧途，每一位党员干部都应该将“为人民服务”作为自己的职业信条，只有眼睛盯着人民、心里想着人民、手上为了人民，人民才会成为你真正的依靠。有了人民做依靠，那就可以称之为合格的“人民公仆”。

二、权力就是责任，细节决定成败

每个事物都有其两面性，一个事物的两个方面则也是相互制约和相互联系的。作为党员干部，手中握有大权，可以运用这些权力实现群众无法实现的事情，也可以通过这些权力解决很多问题。党员干部之所以会拥有这些权力，是处于人民对其的信任，人民赋予了其手中的大权。而拥有权力并不意味着就能自作主张、滥用职权。既然是人民赋予官员的权力，那么就是希望官员能够利用这些权力为人民做一些事情，从而实现人民的权利。从这方面来讲，权力便受到了人民的制约，其本身就是一种责任。

各级官员手握权力的刀柄，却不能任意将其挥动。每一次挥动权力大刀，就要明白自己是需要负责的，不仅要对自己的行为负责，更要对人民群众负责，为人民利益负责。如果每一位官员能够明白这一点，那也就不会出现以权谋私、违法乱纪的现象了。

权力所到之处无小事，人民之事无小事。作为党员干部要时刻避免“千里堤坝毁于蚁穴”的情况，任何一次的放松和自我放纵，都可能被人民剥夺手中权力。因此，作为党员干部，就需要从细节做起，在工作中，每一个工作细节，每一件关乎人民利益的事情，都应该做到细致、认真、负责。而每做出一个决策，都应该问问自己“是否是从实现人民利益出发?”“是否有悖国家发展?”

每一位负责的党员干部，都会用自己手中之权实现人民的权利，让人民过的更加富裕和幸福。当然，不争的事实是在华夏大地上，不乏以权谋私之官员干部，这些人自以为做事情“瞒天过海”，不被所知。可他们忘记了“群众的眼睛是雪亮的”、“法网恢恢，疏而不漏”。

截至2013年12月31日，中纪委监察部官方网站公布的全国查处违反中央八项规定精神问题汇总表显示：全国共查处问题24521起，处理30420人，其中给予党政纪处分人数为7692人。

至十八大以来，多少官员陨落政坛，为自己已经失去的权利神伤。落马官员忘记了党员干部有责任为民谋福、为民谋利，而责任是一种使命。每个人来到这个时间上都有自己需要担当和承受的使命，作为党员干部则比百姓多了一种使命，那就是对人民负责。党员干部如果能够认识清楚自己身上的使命，则即使做不到伟大，也能够做到无愧于心。

党员干部不仅身负为人民服务的责任，更要意识到忽视一点责任的存在，都是需要付出代价的，这就要求每一位党员干部在工作中，能够抓住每一项工作细节，从细微处出发，只有处理好每一个细节问题，才可能解决人民的重大事情。同样，当官员们在每一个细节问题上都能做到为人民服务为目标，那么自然也就不会出现有悖人民利益的决定。

“干部”是为人民服务的岗位，“权利”是为人民服务的工具，党员干部的岗位职责就是为人民服务，权力就是责任，责任就需要担当、付出和奉献。负责任就是需要从细节做起，工作中无小事，人民事无小事，认真对待每一件事情，固守自己的岗位，就是做出了最好的奉献。

创新为民服务手段，提升为民服务实效

一、党员干部服务创新：多条腿走路，与时俱进

社会不断发展，人民群众所面临的问题也在发生变化，与此同时，党员干部所面对的群众工作也呈现出多种情况和新特点。随着人们文化水平的提高和社会民主意识的增强，人民群众的理性思维异常活跃，民主意识不断增强。面对这种情况，党员干部不仅要乐于服务群众，更要敢于服务

群众、善于做群众工作，在为人民服务的道路上不断进行手段创新、方法创新，提升为人民服务的时效性，避免出现“老办法不管用，新办法不会用，软办法不顶用，硬办法不能用”的情况。要根据实际情况，选择更有助于解决群众问题的办法，不要拘泥于一种服务方式，也不要抓住老套的解决问题的办法不松手，这些方法都不适合在新形势下为人民服务。

人民群众往往是直来直去的，他们希望尽快找到解决问题的办法，因此，作为党员干部，在与群众接触的过程中，要善于运用沟通的方法，达到有效沟通。避免出现“上情下达受阻，下情上传不畅”的情况。在沟通方法的选择上，也要根据不同情况来做决定，最终通过沟通获得人民的理解和支持。在“非典”时期，人民内心十分恐慌，而运用信息公开的方式，让群众更加了解“非典”的实情，有利于稳定民心，增强民众与党和政府共渡难关的决心和勇气。当然，在创新沟通方式的过程中，要杜绝内容抽象空洞式的说教和不切实际指手画脚的命令，学会选用人民群众喜闻乐见的语言来表达，与此同时，党和政府完全可以利用当下最为流行的互联网、移动通信系统来与人民进行沟通和民主对话，实现沟通的互动性。

沟通方式的创新有助于党员干部充分了解民情民意，同时，加快解决人民问题的步伐，提升为民服务的时效性。

在与人民群众沟通的过程中，官员不要“只说不听”，聆听人民的呼声有助于真正了解民意，这对党和政府作出正确决定有着很重要的作用。

党员干部要想加强和改进群众工作，就需要与时俱进，选择多种解决问题的办法，而最容易直达人民内心的方式，无非是付出真情。因此，党员干部要真心地站在人民的角度思考问题，知民之怨，晓民之盼，解民之难。当人民群众感受到党员干部的真情后，自然会对其更加信任与理解，这对问题的解决有很大帮助。

所谓“软硬兼施”，值得就是该使用强硬的手法来解决群众问题时，也要果断运用，而在遇到一般问题时，尽量通过比较温和的方式来解决群众问题，得到人民的理解，从而实现为人民服务的宗旨。

面对社会改革和经济发展，人民群众所面临的问题更是种类繁多，党员干部在寻求新的解决问题之道时，要善于运用市场调节的办法，科学合理地调节其利益关系，尤其是需要确保弱势群体的利益。

党员干部作为人民群众依靠的对象，应该能够与时俱进，在适当的情况下运用适当的方式为人民排忧解难，用最快的速度化解人民群众的疑虑。这种“多条腿走路”的服务创新方式是适应时代发展的需要，也是服务人民大众的新手段。

二、党员干部服务思路：理念创新与实践效率相结合

创新服务理念需要每一位党员干部付出努力，不仅从思想意识上寻求到更为有利于为人民服务的方法，更需要结合实际工作，从实际中总结出对实现人民利益有帮助的观念。在实际工作中，使服务适应现代社会的要求，推陈出新，在市场立于不败之地，最大限度的为人民服务。

为人民服务是党的宗旨，可是服务仅仅停留在理念创新上是远远不够的，最终是需要付诸实践的，通过实际行动，从而达到人民“被服务”的效果。这是一个从理论到实践的过程，更是检验服务意识是否正确和可靠的途径。在为人民服务的过程中，不仅要追求服务方式的创新，更要追求服务质量，即服务效率。

不得不承认，并不是每一位党员干部都能够做到将自己的创新服务意识与实践行动相结合的，有些官员仅仅将服务群众的理念停留在各种报告大会上，停留在笔尖子、口头上，根本不用实际行动证明为人民服务的新理念和新手段。这种“只讲空话”、“只喊口号”的做法，不但不能称之为服务意识的创新和提高，反而还会浪费为人民排忧解难的最佳时机，是有百害而无一利的。而另外一种官员，虽然服务意识有所创新，但是却没有结合实际情况，在实践中，一味的“树立典型”、“求特点”，导致所做的工作根本达不到为人民排忧解难的效果，这种无效率的行为，不但浪费了资源，也浪费了时间。有些官员做事情不够果断，总是害怕担负责任，做事情拖拖拉拉，最终影响到了人民群众问题的解决，耽误了为人民服务的最佳时机，这些都是不利于提升为人民服务质量的。

真正想要为人民服务的党员干部，是不会整天将自己的服务意识挂在嘴边，而是会用实际行动，又快有准的为人民服务，在最短的时间内，为人民解决困难。

提高党员干部为人民服务的观念，就需要党员干部不断学习先进的思想和意识，结合群众实际情况和特点，找到一条更为适合群众发展的道路。在实践中，帮助人民大众尽快摆脱困境，实现人民的利益。因此，只有将创新的服务理念与实践紧密结合，才有提升服务时效，让人民切身感受到党员干部的服务能力。

以史为鉴

执政为民：中国古代民本思想的传承与超越

1. 民为贵，社稷次之，君为轻

“以民为本”的思想，是中国古代文化中的优良传统之一。“民本”一词，最早出自《尚书·五子之歌》，原文曰：“民惟邦本，本固邦宁。”意思就是说，黎民百姓是国家的立国之本，只有百姓安定，国家才能安定。因此，执政需有敬民、重民、爱民、为民之心。

到了春秋战国时期，为了巩固统治，维持社会安定，各学派积极地探索治国之道，许多思想家都纷纷提出了自己的主张。譬如道家的经典《老子》，不仅提出了“爱民治国”的主张，而且还明言：“圣人无常心，以百姓心为心。”

相比于道家、墨家等学派，儒家的民本思想较为完善和集中，其中，孟子的“民贵君轻”的思想，最具有代表性。

孟子（约公元前372年－前289年），名轲，今山东省邹城人，中国古代最伟大的思想家之一，被后世誉为“亚圣”。

孟子生活在战国时期，当时列国并峙，征战不休，天下纷乱，民不聊生。各国为了争夺霸权，一味地推行富国强兵之策，忽视了黎民百姓的民生问题。眼看百姓流离失所，途有饿殍，孟子痛定思痛，以孔子的“仁”的思想为基础，进一步提出了“仁政”的主张。

孟子的“仁政”思想包括许多方面，比如不违农时、与民同乐等，其中，流传最广、影响最大，同时也最具有代表性的思想，就是他的那一句：“民为贵，社稷次之，君为轻。”意思就是，相比于君主，国家更重要，因为无国则无君，国亡则君亡；而相比于国家，民众又更重要，因为民心所向则国运昌隆，民心涣散则国破家亡。

孟子提出这个“民贵君轻”的思想，希望各国能够以民为本，执政为民，为黎民着想，为百姓谋福，与民同忧同乐，为民执政施政。具体的做法如轻徭薄赋，减轻百姓负担；鼓励农桑，改善百姓生活。若能如此，则百姓归心，国家安定。

由此出发，孟子又进一步提出了“得民心者得天下”的主张，他认为夏桀、商纣之所以会亡国，就是因为他们失去了民心。后世君主若想得到天下，就需要先得民众的支持；要得到民众的支持，就要争取民心所向；而要争取民心所向，就要做到一点，那就是以民为本。

2. 水能载舟，亦能覆舟

后世学者、君主乃至平民百姓，对于孟子的“民贵君轻”的思想都非常支持。譬如隋炀帝便曾呼吁道：“非天下以奉一人，乃一人以主天下”；而初唐时期，唐太宗与魏征在谈论君民关系及其重要性的时候，更依此提出了“君依于国，国依于民”、“水能载舟、亦能覆舟”等思想。

《荀子·王制篇》中有这么一段话："君者，舟也；庶人者，水也；水则载舟，水则覆舟。"大意是说，君臣如船，百姓如水，若民心所向，水则平静，船便能安稳地航行；但是，若民心向背，水则波涛汹涌，船则会被水倾覆。

纵观中国的改朝换代史，我们不难发现，每一次朝代更迭，黎民百姓都在其中发挥了无比重要的作用。譬如秦朝，作为中国第一个大一统的朝代，秦朝仅仅维系了十四年的统治，最终被陈胜、吴广等农民起义推翻。

到了隋朝末年，天下战乱不断，先是昏庸的隋炀帝四处征战，劳民伤财；尔后，苦不堪言的农民阶级纷纷揭竿而起，各地接连爆发农民起义；紧接着，各地军阀相继反隋，军阀混战，烽火连天。可以说，隋朝的灭亡，农民起义是"土崩"，而军阀混战则彻底将其"瓦解"。

最终，李氏家族虽然平定了战乱，建立了唐朝，但是，多年的战乱却已经让中华大地变得满目疮痍。唐太宗李世民继位后，一代名臣魏征为天下百姓请命，多次引用《荀子》的这段话，以此来劝谏唐太宗要爱护百姓，重视民生，休养生息，维护社会安定。

唐太宗亲身经历了隋末战乱，对于黎民百姓的疾苦，他深有体会，因此，唐太宗欣然接受了魏征的劝谏，并时常将"水能载舟、亦能覆舟"挂在嘴上、记在心里。每当制定新政、颁布政令的时候，他都会切实地考虑黎民百姓的利益，尽量不扰民，不加重百姓的负担。

唐太宗用实际行动，为百姓谋福祉，为后人做表率。譬如，唐太宗积极推行均田制和租庸调制，维护社会稳定的同时，鼓励农民生产。同时，唐太宗非常重视农业，鼓励农桑，并推行轻徭薄赋的政策，减轻农民的赋税劳役。另外，唐太宗严于律己，戒奢从简，努力革除"民少吏多"的弊政，从而减轻人民的负担，提高朝廷办事的效率。

3. 以人为本，为民服务

从"以民为本"，到"以人为本"，虽然只是一字之差，但却是一种长足的进步。为了这一个字的进步，无数的仁人志士竭尽毕生精力，殚精竭虑，为民请命。

虽然早在两千多年前的春秋时期，辅佐齐桓公九合诸侯、一匡天下的千古名相管仲，就曾在《管子》一书中提出了“以人为本”的概念。他说“夫霸王之所始也，以人为本。本理则国固，本乱则国危。”但是，管仲当时主张的“以人为本”，与现在党和国家倡导的“以人为本”却略有不同。

正如前面所说，古代“以民为本”的思想，包括了很多方面，主要有三点。第一，“民为邦本、民贵君轻”；第二，民心向背决定国家存亡；第三，执政应当保民安民，利民惠民，注重民生，为民谋福。

在此基础上，党和国家提出了“以人为本”的科学发展观，并将全心全意为人民服务作为党的根本宗旨。这是在坚持唯物史观的前提下，承认人民群众是历史前进的动力；一切依靠人民，一切为了人民。依靠人民的力量来发展经济文化，推动社会进步；同时又在经济和文化发展的基础上提升人的素质，提高人的物质文化生活水平，促进人的全面自由发展。

以人为本，回答了发展“为了谁”和“依靠谁”的问题。这两个问题是密不可分的，人是发展的根本目的，也是发展的根本动力，一切为了人，一切依靠人，二者的统一构成了“以人为本”的完整内容。

对于党和国家来说，坚持以人为本，就是坚持立党为公、执政为民，就是坚持全心全意为人民服务，就是坚持在任何时候任何情况下，都要相信人民群众、依靠人民群众、为了人民群众，始终保持党同人民群众的血肉联系。

庆熙名臣：为民谋福，为国分忧

自古以来，历朝历代都不会缺少为民请命的清官，更不会缺少为民申冤的青天。但是，在北宋朝的时候，却有这么一段清官的“黄金时期”。

从庆历新政，到熙宁变法，短短数十年时间，先后涌现出的为民做主的清官，竟达数十人，他们之中，甚至有许多都是传颂至今的千古名臣，如包拯、韩琦、富弼、范仲淹、欧阳修、王安石、司马光、苏东坡等等。

就当时的情况来说，这些为民做主、为民请命的官员，有的是元老重臣，有的是青年才俊，或有匡扶社稷之志，或有经世致用之才。最终，他们汇聚在一起，同朝为官，同殿为臣，各施才华，各抒己见。虽然他们存在政见不和的现象，但是，他们的目的却都一样，那就是为国分忧，为民谋福。

1. 包青天：铁面无私、为民申冤

包拯（999 年—1062 年），字希仁，庐州（今肥东县）人。至和三年（1056 年），包拯以龙图阁直学士的身份调任为权知开封府。上任后，他不畏权贵，不徇私情，为民做主，为民申冤，被誉为是铁面无私辨忠奸的“包青天”。

包拯在开封府上任后不就，他便发现了开封府衙的一个弊端。当时朝廷规定，平民告状必须先通过门牌司备案，如此一来，一些官吏便会趁机“吃拿卡要”。为了避免百姓受此讹诈，包拯毫不犹豫地裁撤了门牌司，并着手改革诉讼制度。

几个月后，开封府竟然遭了水灾，南半城几乎被淹，许多百姓都蒙受了重大的损失。包拯觉得事有蹊跷，赈济灾民的同时，又下令调查灾源。原来，当时有许多达官显贵在惠民河道旁非法占地、兴修豪宅，有的甚至还在河面上筑起了兰亭水榭。雨季来临时，河水暴涨，但河道又被那些豪宅水榭堵塞，无法疏通，人祸最终导致了天灾。

查明真相后，包拯使出雷霆手段，丝毫不惧怕那些达官显贵，直接带人将那些豪宅和水榭拆毁，治理人患的同时也治理了水患。

另外，包拯在开封府时，非常为黎民百姓着想，查办案件的时候，他公正严明、明察秋毫，不仅为许多蒙冤的百姓平反了冤情，而且惩处了不少为非作歹、欺压百姓的纨绔恶霸。

当然，“包青天”在开封虽然查办了不少案件，但是，像“包公怒铡皇亲国戚”等故事，其实并不是史实，只是民间流传的故事而已。事实上，包拯在开封府待的时间并不长，只有一年多而已，他的身边，既没有张龙、赵虎、王朝、马汉，也没有公孙先生、南侠展昭，狗头铡、虎头铡、龙头铡等就更没有了。

尽管如此，包拯为民申冤、为民请命、为民谋福、为民做主的形象，以及智斗奸臣、怒惩贪官、不畏强权、不惧显宝的故事，依旧深入人心，并流传千古，成为中国古代历史上最具正义感和代表性的清官代表。而他之所以能够有此清名，正是因为他心系百姓、情念苍生，敢于为民做主，勇于为民请命。而这正是“为民服务”最朴素、最原初、最直观的内涵。

2. 范仲淹：先忧而忧，后乐而乐

范仲淹（989 年—1052 年），字希文，苏州吴县（今苏州）人。幼年时，范仲淹勤奋好学、努力上进，但是，奈何他家境贫穷，只能寄宿寺庙，划粥割齑。

青年时，他孤身一人、徒步千里，来到应天书院求学。期间他的生活依旧艰苦，甚至连同学周济给他的食物，他都不敢吃一口，因为他怕自己一旦尝过美食之后，以后就再也受不了划粥割齑的艰苦生活了。

到了中年，好不容易步入仕途的他，却又因为各种原因被排挤，仕途不顺，屡遭贬谪，远赴边塞。晚年时，守得云开见月明的范仲淹，终于等到了一展抱负的机会。在宋仁宗的支持下，他与欧阳修、富弼等人一同主持庆历新政。但是，新政只推行了短短数年时间，宋仁宗却突然退缩，废除了新政。

可以说，范仲淹的一生是坎坷的，又是传奇的，虽然他身前未能尽情地施展才华。但是，他的忧国忧民，他的亲民爱民，却为他赢得了千年美名，而他那一句“先天下之忧而忧，后天下之乐而乐”，更与他一起被传颂千古。

在此，仅说一件范仲淹亲民爱民、利民惠民的故事。天禧五年（公元

1021 年)，范仲淹被调任为盐仓监官，奉命前往泰州海陵（今江苏东台）。期间，他除了兢兢业业地干好自己的本职工作外，还曾多次深入基层考察，了解当地情况。

考察之后他发现，当地的防护海堤多年失修，已经失去了屏障的保护作用，汹涌的海浪时常会侵扰当地居民的生命安全。此等隐患不除，日后定会酿成大祸。

为此，范仲淹向上级请示，希望能在泰、通、楚、海四州之间新建海堤，一为防海护民，二为疏通堰塞。上级部门经过讨论，在征得朝廷许可后，征调范仲淹为兴化县令，全权督办建堤事宜。

那时候科技并不发达，人力难与海斗，因此修堤之事难免会遇到诸多困难。期间，甚至还发生了一次大型海潮，导致百来名工人丧生。古人一向迷信，但凡闹出人命，总喜欢将责任推脱在老天爷的身上。此事之后，不少人，甚至包括一些官员都在私底下说，修堤之事有违天意，不宜继续下去。

范仲淹作为负责人，自然不能无视这种传闻。不过，他也知道防民之口胜于防川，堵不得，需要疏通。因此，范仲淹干脆不去堵这些闲话，直接光着膀子站到修堤最前线，任凭风吹浪打，他自岿然不动。

看到这里，百姓们不禁羞愧。范仲淹好歹是有功名的父母官，为了帮助地方修建海堤，连他这样的大人物都不怕死，我们这些平头老百姓还有什么怕的！

走，干活去，跟着范大人搏浪修堤，让老天爷看一看，咱们兴华人的胆量和能耐。

范仲淹就是这样以带头和鼓动的方式，率领数万民工将防护海堤给修了起来。此堤一成，对于兴华人民来说，自然是天大的好事。为此，淳朴的百姓用修堤剩下的石材为范仲淹建了一座祠堂，同时，又在私底下将海堤命名为范公堤，以此来纪念和感谢范仲淹的利民举措。

不得不说，在地方上当官，若是真能干好一两件利民惠民的好事儿，淳朴的百姓确实会以他们淳朴的方式表达感谢。而这种方式，甚至比历代史官的朱砂笔读更有用，因为这些都是实实在在镌刻在百姓心中、世世代代传诵给子孙的美名！

3. **苏东坡：利民惠民，为民谋福**

相比于包拯和范仲淹，苏东坡可以说是一个后起之秀；但是，放在中国古代史上，苏东坡的大名，却丝毫不逊色于他们二人。

苏轼（1037 年－1101 年），字子瞻，号东坡居士。对于苏轼，或许很多人的印象都是唐宋八大家之一，北宋四大书法家之一，豪放派词人的代表人物等等。其实，撇开苏东坡那些流传千古的诗词文章，仅从一个官员的角度来看，苏轼也不愧为一代名臣。

虽然苏东坡的仕途并不顺利，生平屡遭贬谪，辗转各地，甚至一生都没能跻身到北宋朝的权力中心。但是，苏东坡最可贵的官品，就是无论被贬谪到哪里，他总能为百姓谋福祉、为地方做贡献。

苏东坡担任杭州太守时，杭州水患频生，百姓苦不堪言。为了减轻水患灾害对百姓的影响，苏东坡不仅积极赈济灾民，而且还多次上书朝廷，请求调拨经费，以便彻底根治水患。

朝廷拨款后，苏东坡亲自组织民工疏浚河道，然后将清理出的淤泥填入西湖，最终不仅治理了杭州水患，而且还为西湖增添了一道别样的风景——苏堤。

被调任为扬州太守后，苏东坡的任期虽然只有短短的半年时间，但是，他在扬州却做了不少利民惠民的好事实事。

当时扬州每年都有一个盛会，每年都要搜刮百姓，然后花费巨资收购芍药花，以便举办“万花会”。如此盛会，耗资甚巨，而且当地官员还趁机贪污钱财，扬州百姓对此早已怨声载道。对于这种劳民伤财的“形象工程”，苏东坡向来深恶痛绝，因此，他一上任便立刻叫停了这个“万花会”。

此外，黄州、儋州等地，无论民情如何、环境优劣，苏东坡都能时时为民着想、处处给民实惠。苏东坡也因此深受百姓爱戴，虽然其施政为民的官声，远不如他在诗词文章上的名声，但是，为官如此，苏东坡也算无愧于心。

回首苏东坡的一生，或许他的仕途算不上一帆风顺，他的升迁也算不上平步青云，甚至，他的宦海经历，颇为坎坷，生平几经贬谪，生前漂泊半生，但是，他却始终没有被现实压倒，没有被奸佞吓退，更没有因此放纵和堕落。他的眼里，他的心中，自始至终都装着人民百姓。而这种心系百姓、为民谋福的情怀和德行，正是苏东坡之所以成为苏东坡的根源。

到如今，苏东坡已经不再是一个简单的历史人物，也不仅仅是一个单纯的千古文豪，而是一种全心全意为民服务的清官符号，一种一心一意为民谋福的名臣象征。或许，他在诗词文章方面的知名度，远高于他的官品德行和民生政绩，但是，历史不会忘记他，黎民也不会忘记他，正如他为杭州人民修筑的苏堤一样，永远静候在风景最美处。

域外经验

西方国家“政府再造”：强化为公众服务意识

20 世纪 80 年代以来，西方国家掀起了政府再造的浪潮，政府人事治理随之发生重大变化，表现为公务员的政治倾向加强、灵活雇佣关系出现和人事治理职能改变等。这些变化对传统公务员制度的政治中立原则和职务常任制造成极大的冲击。

一、政府面临的治理危机

1. 政府规模与财政危机。随着经济迅速发展及社会事务复杂性提高，不仅带来了政府机构的膨胀、僵化和行动迟缓，滋生大量的官僚主义和公共资源浪费，而且还严重限制、削弱了市场活力，加重了社会公众的赋税负担，降低了社会资源配置的整体效率。因此，如何不降低公共服务质量，同时有效利用政府资源、削减政府开支，成为推动各国政府改革的直接动因。

2. 传统官僚科层制的管理危机。官僚科层制作为20世纪各国政府机构的主要组织形式，具有法制化、中立化、职业化、公开录用、功绩制、文官常任制等特征，在政府运行中发挥了重要历史作用。然而这种适应工业时代需要、注重规则与分工理性的传统组织模式，在信息时代遇到了来自内部组织管理和外部政策管理的适应性危机。正因如此，“重塑政府”或“打破官僚制”，成为20世纪后期政府改革的最响亮口号。

3. 公众对政府的信任危机。在信息化与全球化时代，社会结构急剧转型，社会一致性解体，各种公共问题日益复杂、恶化。面对如此多的问题，政府变得越来越无能为力，公众对政府效能非常失望，甚至有人在1973年的《哈佛商业评论》上发表了《真正的生产力危机在政府》的专文。如何提高政府公共政策质量、减少官员腐败、转变政府行为方式、改进公共服务的品质，以恢复社会对政府的信任、增加政府行为的合法性，成为各国政府改革的迫切任务。

二、政府再造应运而生

传统理念强调政治与行政的分离，行政行为不对民众直接负责。“新公共行政”理论则在追求行政效率的传统目标之外，增加了公平和民主的内容，强调把效率与公共利益、个人价值、社会公平、平等自由等价值结合起来，以突显政府行政的“公共性”。破除政府在公共服务领域的垄断，允许公众自由选择各种或公或私的服务机构，以改进公共服务质量和服务效率；在公共部门推行分权化、公共服务组织的小规模化、恢复竞争机制，以改善官僚体制的运转效率等等。

对政府管理中竞争机制的认识。管理主义以公私部门管理规律的相通性为假定，将市场机制和私人部门管理策略引入公共部门，以重塑僵化、无能的官僚政府体制。该理论主张通过民营化、市场检验、公共服务的合同承包等形式，缩小政府职能范围，建立顾客导向的企业式政府；同时，在政府部门引入商业管理理论、方法、技术以及市场竞争机制，以提高公共服务的质量与绩效。

政府再造的新公共治理运动首先是从英国开始的。它强调政府应该像企业那样面向市场，以顾客为导向满足公众对公共物品的需求，政府及其雇员要对结果负责。为此，政府就需要下放权力，增强执行部门和雇员的自主性和决策权。1986年，英国出台的“下一步行动方案”规定，在政府部门内部设立执行机构，履行政府的政策执行和服务职能。执行机构在中心各部制定的政策和资源框架文件下履行其职责，包括清楚的绩效目标、资源配置和相关责任人等。

新西兰也有类似的改革。1988年新西兰通过的《政府部门法案》，确定了政府首席执行官自主治理的体制。每年由各部部长和首席执行官一起确定绩效协议，具体规定每一个财政年度所要完成的服务项目和标准。然后由首席执行官全权负责实施，如负责与工会组织的谈判，决定所辖范围的人事治理制度，像私营企业那样公开招聘和任用人员，实行市场化工资制度等。新的雇佣关系带来的另一个重要变化就是绩效治理和绩效工资的出现。

在传统的政府雇佣关系下，没有科学和系统的绩效治理，导致薪酬制度和晋升方式缺乏激励作用。工资多以职务等级工资的形式出现，只要达到某一个等级，就可以拿到相应的薪酬，是一种“铁饭碗”。而职务晋升主要依据的是一个人的资历。有一种观点认为，公务员都是照章办事的，只要按照规定的程序去做，就会有合理的结果，任何人都一样，因而无需对他们的工作进行考核。另一方面，公共部门的工作与私人部门的工作不同，很少有客观的标准，难以进行客观公正的考核。因而一直以来，人们并没有下大力气进行绩效考核的改进工作，从而出现考核内容和标准过于笼统，方法不够科学等弊端，使它沦为只是每年一次的填表而已，流于形式，考核结果难以作为其他治理环节的依据。

新公共治理运动倡导以结果为导向，其重要的一环就是要建立和完善绩效治理制度，实行绩效工资制度。欧洲许多国家如丹麦、芬兰、爱尔兰、挪威、瑞士、德国、比利时、荷兰等，也纷纷实行或考虑实行绩效工资制度。现在，英国大多数政府部门都制定了清楚的职位说明书和生涯发展规划，一线治理人员据此对下属进行考核，考核结果成为绩效工资和职务晋升的重要依据。美国早在1978年颁布的《文官制度改革法》就提出完善绩效考核制度和绩效工资制度，但此后多年仍然没有将绩效和付酬直接联系起来。1993年发表的《国家绩效评论》和国会通过的《政府绩效与结果法》，提出建立以结果为本的政府。此后，一些地方政府开始了绩效治理的改革。如克拉克郡政府引入企业360°绩效评估制度，对每一位郡政府的领导人员都进行全方位的绩效评估，评估主体包括上级直接领导、平行部门领导、雇员和顾客，结果较为客观。

总之，绩效治理正在西方一些国家蓬勃兴起，其特点和趋势可概括为：绩效治理与组织战略规划紧密相连，个人生涯规划与组织发展目标紧密相连；重视任前规定明确的绩效标准；绩效考核与工资和晋升等挂钩；重视引入企业的绩效考核方法。因此，绩效治理正在突破原来绩效考核的瓶颈，有助于促进以绩效为导向的新型雇佣关系的形成和发展。

外国政党如何塑造亲民为民的公众形象

政党的公众形象是指政党展现给公众的精神风貌和公众对其形成的综

合性、整体性的公众形象和评价。政党的公众形象是衡量公众信任和支持率的重要尺码，也是构成政党政治影响力的重要指标，关系政党的政治命运和前途。因此，外国一些政党非常重视并有意识地进行自我塑造，努力在公众心目中树立良好的形象、获取公众积极的评价，其中一些带有普遍意义的做法值得我们研究参考。

（一）生动展示党的政策理念，传播党的影响和良好形象。2005 年，英国保守党以修改党标为契机，全面启动党的“现代化”改造进程。该党把原党标上的火炬图案，改为“一棵生长在蓝色土地上、枝繁叶茂的绿色大树”，以此向公众宣传党的新理念、新思维：一是突出党根植社会，是大众而非精英的党；二是强调保守党是绿色政党；三是表明党善于管理经济，有能力给英国带来繁荣。保守党对新党标的形象解读，成功地在公众心中刻画出一个“百年老党”的新形象，为保守党重夺政权奠定了坚实基础。

（二）打造领导人的良好形象，提升党的整体形象。领导人是政党的核心，也是向公众展示政党形象的主要代表。一般而言，良好的领导人形象会增加公众对该党的认同。因此，国外政党重视对领导人的形象包装。传达政党的施政方针和为公众服务的理念。

（三）树立基层组织和普通党员的“亲民爱民”形象，强化党是公众利益“代言人”的形象。政党的形象是由每个党员的形象来体现的，作为党民联系的纽带，基层组织和党员干部在党的形象塑造中起着潜移默化的作用。基于此，俄罗斯的统一俄罗斯党自 2008 年起陆续在全国各地开办普京“公众接待站”。各地基层组织负责人和医院轮流坐堂接待民众，及时解决公众在生活中遇到的实际问题，同时汇总民众诉求供党主席普京参考。此举有效地打造了“统俄党”关系民生的形象。

（四）严惩党内腐败，塑造政党清正廉洁的公众形象。一些政党积极回应民众对腐败问题的关切，注重从打击腐败、预防腐败等多个层面，向民众传递党反腐的意愿和决心，努力塑造清廉的公众形象。2003 年，匈牙利执政的社会党政府二号人物基什部长利用职务之便谋取私利的丑闻被曝光，为避免党的形象受损，社会党迅速批准了基什的辞职请求，并出台一系列防腐反腐措施。该党要求所有党员部长必须公布最近5年在公司任职和拥有股份的情况；在1个月内制定和通过了“透明口袋”法，加强对出任公职党员的财务监督和审计。社会党的一系列举措维护了党的形象，提高了党的威信。

（五）主动发布政党信息，助力党的形象建设。外国一些政党积极打造自己的信息传播平台，建立健全信息发布机制，就重大问题和突发事件，及时、主动地向民众公开党的原则立场、应对举措，防止舆论误读误判。捷克主流政党一般通过新闻发言人谈话、新闻发布会和网络信息对外发布信息，树立党的公开透明形象。每逢突发事件，捷克有关政党主管媒体工作的副主席、新闻部和议会党团三者紧急商议确定发布口径，在一小时内召开临时新闻发布会，向媒体和公众发布相关事件的权威信息，防止媒体炒作和公众质疑。罗马尼亚社民党，要求新闻发言人列席领导层召开的所有会议，并经常与党主席进行沟通和磋商，掌握党的权威信息，在信息发布中以事实引领民众准确评价该党。

（六）以民意为重要参照指标，及时评估和修复党的形象。国外一些政党十分注重借助现代媒体、利用民调方式，快速有效地了解民众对政党认识的变化，并根据反馈意见及时评估、修正党的政策和形象。韩国民主党认识反思上届总统大选失利的教训，认为党奉行中间路线，给公众留下“骑墙”形象，招致反感。因此，领导层决定顺应民意，为民主党的形象重新定位，即在未来政坛上要更加突出左派和进步形象；展示领导人更加强势、对政府更有批评意识的风格。实践证明，这一准确定位为民主党改善公众形象发挥了关键作用。

外国一些政党的时间和经验表明，政党的公众形象建设既是一项“民心工程”也是一项复杂的系统工程，不仅涉及党的思想建设，也涉及党的各级组织、领导人和普通党员的作风建设。同时，党的公众形象在不同的历史时期有不同的内容与特征，形象建设不可能一劳永逸，而要常抓不懈。任何政党都必须紧随时代前进的步伐，围绕国家和民族利益提升自己的问政、施政能力，培养全党良好的精神面貌和过硬的工作作风。只有这样，政党才能树立起丰满、高大的整体形象，并转化为强大的感召力，赢得民众的信任和支持，夯实党的社会根基。

现实样板

任长霞：永远把人民安危放在首位

1. 40 载春秋，打造“铁血传奇”

女人40岁，本应是安逸的年龄，可以不为生活烦忧，可以享受在温暖的家庭生活中。而她却顾不上小家的温暖，选择让“大家”变得安定温暖。

她虽为女儿身，却有英雄胆；她是英姿飒爽的女警察，也是身兼正义的“女包公”。

她在中原分局预审科工作期间，共挖余罪、破积案1072起，追捕犯罪嫌疑人950余人，创造了河南公安预审史上无可比拟的成绩。在郑州市公安局从事公安法制工作，她4年里审核案件千余起，无一错案。

或许她想要保一方太平，却赢得了百姓的心。在下属眼里，她是“敢拼命”的“女神警”；在上访户眼里，她是“任青天”；在孤儿眼里，她是温情的“任妈妈”；在乡亲们眼里，她是懂事的“好闺女”。她用自己40年的短暂人生，真正诠释了休谟的那句话“当我们为了公众的幸福而蔑视辛劳、危险和死亡时，当我们为了国家的利益献出生命从而使生命变得崇高时，辛劳、危险，还有死亡本身，便都会显得美好而动人。”

她究竟做了怎样的事情，让登封60余万百姓为她落泪？她究竟是谁，能够让歹徒听到她的名字而闻风丧胆？

2. 新官上任，为民烧起“三把火”

她的名字叫任长霞，这个被亿万国人熟知而敬佩的名字。

可是，在2001年4月，这位37岁的女人刚刚就任登封市公安局长时，却面临着警察生涯中最大的一次考验。

当时，很多同事都在怀疑，一个身高不到一米六的年轻女人，能够“玩得转”这座错综复杂的登封吗？然而，仅仅过了半个多月的时间，“任青天”的称谓就开始出现在了一些市民的口中。

第一把火——从严治警

在任长霞刚刚调任登封市公安局局长时，她面临着很多困难，而最让她气愤的则是民警队伍涣散、积案堆积如山、群众怨声不断，行风评议年年倒数第一。

任长霞深知要想为群众办事情，必须要整顿民警队伍，于是，她开始深入基层调查摸底，在很短的时间里，她跑遍了登封17个乡镇区派出所，最终，找到了存在问题的症结所在。

找到了民警内部问题所在，接下来，任长霞就要着手解决了。

随即她展开了“从严治警”活动，上任第一天，她不仅干净利索的清除了队伍中的3个害群之马，而且还开除和辞退了15名长期不上班、旷工、迟到以及参与违法违纪行为的民警。

这一举动，瞬时让民警们认识到“这个女人不一般”！

第二把火——连连告破重大案件

内部问题解决了，而要想让百姓生活得心安，就要尽快告破重大案件，帮百姓“出口恶气”。

古城登封位于郑州、洛阳、平顶山三市结合处，以嵩山和少林寺闻名。受到地理位置影响，市内流动人口超过百万，因此，这座看似不大的城市也成了河南恶性案件的重灾区。

于是，任长霞又将全部精力集中到了破大案、破积案上，打响了一场又一场与歹徒搏斗的攻坚战。

“4·15”东金店强奸焚尸案、“4·18”大冶镇火石岭村绑架案、“5·18”特大盗枪案、“5·28”石道杀人案、“6·9”强奸轮奸女教师案、“7·2”唐庄杀妻杀子案……

一件又一件的刑事案件连连告捷，其破案速度之快，抓捕行动之猛，被百姓看在眼里，也让公安干警心服口服。

登封沸腾了，在大街小巷都能够听到谈论这位女局长的事迹，大家都在说：“咱登封来了个女神警，案发一起就破一起。”

第三把火——打击黑势力

就在任长霞上任不久，她就接到了一封按满血手印的举报信，这让盘踞在白沙湖、草菅人命、横行乡里的王松进一伙暴露在任长霞的视野下。

任长霞经过连续暗访和调查，发现曾致使 7 人丧命、百余人受伤的王松团伙，背景极其复杂、关系网密集。此时，任长霞意识到这帮黑势力必须被清除，否则不足以平民愤。

4 月 29 日，王松手下的爪牙因参与作案被警方抓获，王松企图以钱开路，打通关节，救出这几个“弟兄”。

5 月 1 日晚，戏剧性的一幕发生了，王松竟然携带巨款大摇大摆的走进了任长霞的办公室，希望通过金钱贿赂来游说这位女局长放人。

王松将一沓钱放在了桌子上，对任长霞说道：“手下人捅了娄子，请任局长高抬贵手，网开一面。”

任长霞怎会被金钱所动，当场严词拒绝，并将计就计，将王松一举擒获，最终，王松的 67 名喽啰也无一漏网。此案已经被列入当年中国十大涉黑案件。

“新官上任三把火”，很多官员烧的“三把火”都是为了自己的利益，“烧”掉的是百姓的信任和保障，而任长霞“三把火”过后，登封老百姓脸上多了些安宁和微笑，登封大街小巷，多了些“女神警”的传奇。

3. 公安局不是衙门

登封，这里的居民以“性剽悍，善诉讼”著称，是有名的上访城市。

任长霞认为百姓上访，证明是有怨气存在。于是在2001年4月25日，任长霞抽调警署20余名民警，单独成立了“控申专案组”，依照“立足化解，妥善处置”的思路，变上访为下访，变被动为主动。

主动去基层了解百姓的心声和心事，任长霞希望通过控申工作查处信访积案来了解百姓、为百姓做实事。

任长霞将这一项“民心工程”纳入工作的整体目标，她把每周六定为局长接待群众日，诚心倾听群众呼声，无论多忙，无论什么事情，这一天都要给百姓让路。

局长亲自接待上访百姓？消息一经传开，百姓更是议论纷纷，有的说“女局长不简单”，有的说“登封终于要太平了”。

任长霞的第一个接待日就接访了224人，从早晨到深夜11点，任长霞一整天仅仅吃了几口烧饼。她不想浪费一分钟时间，她希望了解更多百姓的情况，为更多百姓解决问题。

控申科科长宋海仁提供的数字显示，2001年该科接访3683人次，2002年3155人次，到了2003年，这个数字降到1113人次。3年的时间里，任长霞使476户上访老户罢访息诉，而她也被越来越多的百姓赞誉为“任青天”、“女包公”。

任长霞说：“公安局不是衙门。”这句话温暖了百姓的心，使群众有了讨回公道的申冤处。自古“衙门八字开，无钱莫进来”。可在任长霞办公的公安局是生活在社会最底层的穷苦百姓的家，而任长霞，就是登封百姓的守护神！

4. 局长电话，百姓都知道

从群众中来，到群众中去，为人民服务，就是任长霞为官的宗旨。

任长霞作为一位局长，手机号竟然会主动公开给每一个村民，她希望通过这个方式，能够在百姓第一时间需要自己的时候，赶赴现场。

在登封，任长霞的办公室电话和手机号码都是公开的，几乎所有市民都知道。任长霞知道，这样做不仅是为了百姓，也是为了办案。在办案的过程中，很多线索都需要群众提供，而让群众知道自己的手机号码，就是最直接而便捷的方式。

任长霞说："从小我看到男警察女警察，当时穿的都是上白下蓝，看着非常羡慕。自己想着自己将来要能成为一个警察。我觉得这个职业挺崇高的，也是我从小的理想。"

她为了自己的理想，付出了一生，也服务了登封全市的百姓。

5. **干部楷模：立党为公，执政为民**

早在1983年，当英姿飒爽的任长霞从警校毕业，来到郑州市公安局中原分局预审科当上一名民警时，她就兴奋地在日记本中写下这样一段话："能成为一名打击犯罪、保护人民的人民警察，能亲手抓获犯罪分子、还老百姓公道，是我人生最大的追求。"

也正是从那个时候开始，任长霞就立下了将自己一生献给公安事业的誓言，当然，她也是这样做的，将自己的生命献给了登封所有的百姓。

如果说上天是公平的，那么为何对她却不公？

在任长霞调查"1·30"命案过程中，为分析案情，她又从郑州急速赶回登封开会，不幸在中途遭遇车祸，因伤情过重，救助无效而去世。这个消息一经传开，整个登封顿时陷入了沉默和悲痛中。

从4月15日到17日，一连3天，每天都有十多万人自发到医院吊唁这位女英雄，吊唁的队伍以每分钟约50人的速度走过任长霞的灵柩，高峰时达到近20万人。70多岁的苗凤英曾是任长霞接待过的老上访户，当老人知晓任长霞去世的消息后，老人哭倒在灵堂的台阶前，痛彻心扉地喊道："任局长走了，这咋整呀！"

老乡们哽咽着喊着："长霞，一路走好！"或许是"1·30"命案还没告破，她真的难以闭目，停灵 3 天，直到火化前，她也没有闭眼。

一个基层干部的去世，能够让整个登封市的百姓挂心流泪，她究竟是多么的优秀和亲民、爱民？

从业以来，任长霞曾荣立个人一、二等功各 1 次，三等功 4 次，荣获全国五一劳动奖章、中国十大女杰、全国三八红旗手、全国青年岗位能手、全国优秀人民警察等各种荣誉称号 40 余次，并被公安部追授为全国公安系统一级英模。2004 年 12 月，任长霞被评为感动中国十大年度人物。

“人民的卫士、罪犯的克星、敬业的楷模、爱民的标兵。”这是广大群众对这位女局长最高的赞誉。拥有这样的干部，百姓们生活得放心而幸福；拥有这样的干部，罪犯们根本无处藏身。而同样作为基层干部的你，是否拥有与黑暗势力斗争到底的决心？是否具有为民服务终身的决心？是否能够将百姓的小事当作自己的大事？如果你做不到，不妨回忆一下这位“女包公”的话语：“百姓事无小事。”

段爱平：老百姓的贴心人

1. 一句承诺，15 年不变

如果你有百万家财，你会选择怎样的生活？

或许有的人会说：“我要买车买房。”有的人会说：“我要出去旅游。”有的人会说：“我要用 100 万换来更多的钱。”而对于她来讲，身为女人，却胸襟宽广，她却跟儿子说：“媳妇给你娶了，饥荒（欠债）给你还了，剩下的钱干啥？就给村里干点实事吧。”就这样，她将家里的百万家产花在了村里建设和村民致富上。

她是被村民赶鸭子上架，逼上村支书的位置上的，可嘴上说道："老百姓选我，说明心里信任我，选上我，我就不能干差了，不能辜负大家的心意。"

十五个春秋，她用自己的行动证明自己的承诺，用自己的努力带领全村人们走向富裕。

她就是最美村官段爱平，"一朝为村官，一生为乡里"，这就是她 15 载村官生涯的真实写照。

2. 每年为百姓办一件事

既然当了村干部，那就要想办法让百姓富起来，这可不是一件简单的事情，这是一个需要负责的事儿。

用段爱平的话说，就是每年为百姓办一件实事，让返底村变个样子。一年为村里办一件能够让村里变样的事儿，这究竟要怎么做？

"当时，村里就一个塌学校，啥也没有，连树都被砍光、烧光、卖光了。"段爱平开玩笑说当时村里给她留了个"三光"摊子。

2000 年，春天刚刚到来，段爱平自掏腰包 8 万元，召集村民拆除旧校，筹建新校。为了能够尽快完工，段爱平将全家老小当成了工人，而她昼夜不停地在工地上。那股干劲儿，让村里的壮年男人都佩服不已。

村民说："'逼'她当村干部，算是找对人了。"

学校建好了，娃娃们又能在宽敞明亮的教室里读书了。可是，段爱平却没有忘记自己的承诺。

2001 年，村里农网改造完成。

2002 年，村里种下了 200 亩药材。

2004 年，村里修起了敬老院。

2005 年，村里不足一米的田间泥土路变成了四五米宽的水泥路。

2013 年，返底村投资 50 余万元重修了河道、堤坝。

……

这一桩桩一件件，不仅是为了一句承诺，更是为了让村民真的能够过上好日子。

现在的返底村，再也不是当年的烂摊子。段爱平不仅组织村民复垦荒地 20 余亩，她还通过“公司＋农户”模式，积极引导村民种植药材 200 余亩、甘薯 400 余亩和干果 100 余亩。村民人均纯收入也从 2000 元提高到了 6800 多元。

村民逐渐富裕起来了，段爱平的心才慢慢地落了地。

3. 有一分钟生命，就要尽职 60 秒

这位要强的女人，一个将近 60 岁且大字不识的农村妇女，一位从癌症手术台上下来的女人，却成了整个返底村老少爷们的“依靠”。

有人说她是“拼命三郎”，有人说她是贴钱、贴工、贴命的“三贴”支书。而无论哪种说法，都能看到一个全心全意为百姓服务基层干部的真实写照。

2006 年，段爱平被查出患了淋巴癌。家人都劝说她接受手术，而段爱平死活不手术，她说：“都这样了，就别浪费钱了。”儿女们很清楚，母亲是为了省点钱为村民们多做点事。于是，为了让母亲治病，子女们找到了河南一家便宜的医院，段爱平在亲朋好友的劝说下，才接受手术。

手术后不久，段爱平顾不上在医院休养，很快就又回到了返底村。上天并没有眷顾这位要强的女人，病情很快又恶化了，她为了不耽误村里的工作，便一边到医院治疗，一边组织村里的道路硬化。期间，她又患上低血糖，工作中多次晕倒。

经过治疗，癌细胞慢慢被压制。可是，段爱平的身体因为多年劳累，已经透支严重。在医院住了没两天，她又偷偷地从医院跑回了返底村。

段爱平说，老百姓的爱戴是对她最大的褒奖。随后，她又计划为村里修一个体育场，希望让老人孩子们有个活动的地方。

她拼命、拼时间，为的就是为村里多做点事情。村民看在眼里，暖在心里。

段爱平说：“老百姓有需要，咱就是有一分钟生命，就得尽职六

十秒!”

4. **“有困难，找老段!”**

在返底村，有一句流行多年的话——“有困难，找老段!”而“老段”就是村民对段爱平的爱称，同时也包含了她在村民中的地位。

15年“村官”做下来，返底村的人早已习惯了“有困难，找老段!”“老段”已经成为困难的克星，成为返底村村民的“救命稻草”。

无论是谁家有困难，段爱平总会第一时间帮其解决。段爱平常说：“我自己是吃百家饭、穿百家衣长大的，懂得乡亲们的恩情!”一个为村里办了这么多事情的女人，她还在不停的感恩村民，这是怎样的胸怀?

村民王爱河说：“如果没有老段，我可能早就没命了!”原来，王爱河为给儿子置办婚礼欠下了2万元的外债，对于这个靠种玉米为生的农民来讲，全家人不吃不喝也得还上七八年，愁得她睡不着、吃不下。后来到医院一检查，才知得了神经官能症，得住院治疗。住院的2000元押金，还是段爱平给她交上的。

当段爱平的事迹被播报，太原一家医院被她的事迹打动，主动联系段爱平，愿免费给她做手术。段爱平却说：“可以的话，这个免费的机会，还是给毛安根吧。他和儿子都有病，这一家人太难了。”连带捐给她治病的4万元，段爱平都给了邻村老乡。

在她眼里，只看到了别人的困难和生命，却忽视了自己的生命和困境，这就是一个普通却伟大的基层干部。

5. **对百姓比亲人还亲**

谁会拿自家的钱给别人花?谁会为了给村里办事情，逼着儿子还钱?恐怕也只有段爱平了。

儿媳妇生产，儿子刘亚书第一次开口向母亲借了2000元钱，他答应母亲半个月还给母亲。可让儿子没想到的是，第十五天的一大早，段爱平就向儿子“催债”。后来，刘亚书才知道，老妈催债是因为修缮敬老院，买建材缺钱了。“拿家不当家”“拿亲人不当亲人”，在段爱平这是常有的事。

在段爱平眼里，百姓的事儿是大事，自己的事儿永远是小事，所以有钱要紧着百姓花，自己家的事儿可以往后放。也正是她的这种服务他人的思想，让她成为了百姓心中的亲人。

百姓是最有良心的，谁对他们好，他们就真心对谁好。因为常年的劳累，2006 年，段爱平进了医院，要做手术的前一天晚上，她的家里被村民们挤得满满当当，有的百姓拿着鸡蛋，有的抱着一大筐蔬菜，还有人提着白面馒头……

那一刻，段爱平心里是暖的。

6. 干部典范：把百姓放在心坎上

究竟为什么段爱平要如此拼命？她完全可以像其他人一样，守着百万家财，安度晚年，可她为何要贴钱、贴工，还贴命？

或许段爱平的这句话正是众多疑问的答案：“我啥也不要，不要命不要钱，我要的就是我的老百姓。他们信任我、尊重我，我就满足了。”

段爱平，一个将百姓看得比生命还重要的农村基层干部；一个为了百姓事不惜“得罪”亲人的女人；一个为了百姓富不惜赔上百万家财的干部。15 载村官路，一生百姓情，段爱平绝对当得起“一秉至公”的赞誉。作为中国最小的官，一个普普通通的村委会主任，段爱平却当出了返底村的底气，当出了村民的希望。她虽不识几个大字，胸中却有大义大理。

有人问她，你后悔当村主任吗？

段爱平不假思索的说道：“不后悔，不后悔。这些年我活得可充实呢，这么多老百姓都是我的亲人。我相信，他们一辈子也忘不了我的好。”朴实而真诚的语言，让提问者眼泪欲流。

2013 年，段爱平被评为十大“感动中国”的人物之一。颁奖词是这样评价她的：山梁挡住了阳光，你用肩膀扛起乡亲的盼望。村庄在渐渐丰满，你的身体却慢慢柔弱。庄稼，总要把一切还给泥土。你贴工，贴钱，贴命，你还贴近百姓的心。

如果你认为村干部是中国最小的官，那么请问问自己，你的行为是否能与段爱平相比？如果你认为段爱平的举动不足为奇，那么请问问自己，你是否能够做到 15 年如一日的为百姓做实事？如果同为官员的你，每天还在想着如何让自己的官位稳固，如果你还在想着如何让上级满意、如何能够“摆平”百姓，那么你不妨想想段爱平的事迹，你会明白真正的“官”是如何来做的，以她为镜，你心才能获得明亮。

知行合一

学习资源推荐

1. 纪录片《大国崛起》，中央电视台
2. 电影《焦裕禄》，峨眉电影制片厂
3. 电影《杨善洲》，新疆天山电影制片厂

我要行动

请思考研讨如下问题，结合实践写出自己的学习体会和行动计划。

* 如何理解为民服务是党员干部的光荣使命？
* 如何在平凡的岗位创造不凡的价值？
* 结合自身岗位思考如何创新为民服务方式？

❸ 勤政务实

* * * 勤政务实箴言 * * *

◆治军之道，以勤为先。身勤则强，逸则病；家勤则兴，懒则衰；国勤则治，怠则乱，军勤则胜，惰则败。——曾国藩

◆凡官制疏通，则民事易举，则民气易扬；官制层多，遏抑阻搁，则民事难举，民企难扬。——康有为

◆勿以恶小而为之，勿以善小而不为。惟贤惟德，能服于人。——刘备

◆古今中外，凡成就事业，对人类有作为的无一不是脚踏实地、艰苦攀登的结果。——钱三强

◆克勤于邦，克俭于家。——《尚书·大禹谟》

标准解读

勤政务实转变工作作风

一、党员干部需做人真诚，为官负责

“先为人，再做事”这是古往今来，从未改变过的人生哲学。无论社会如何变迁，无论身居何职，都改变不了这一定律。

“人”字结构十分简单，可真正做好“人”却并非是一件易事。尤其是对于党员干部来讲，不仅要做好自己这个“人”，还要当好人民的“人”。故此，一个不能够做到真诚、善良、正直、勤劳的人，是不足以做好事情的。而坦诚又是做人的道德底线，如果做不到这一点，那么此人多半缺乏责任感，一个没有责任感的人，生于天地间，如何能够做好事情呢?

对于党员干部来讲，除了要对亲人、朋友真诚坦率之外，还要做到对人民群众真实坦率。因为党员干部不仅是父母的孩子、孩子的父母、朋友的知己，更是人民的带头人，所以身兼为人民负责的义务，在人民群众身处危难时，作为党员干部的你是有责任帮助人民度过困境。

如果放弃了责任，空谈为人，那是一个人的不幸；如果放弃责任，空谈为官，则是一种罪过，是人民的不幸。如果说做人不讲信用、做不到真诚，那是良心的缺失；如果做官不讲责任和负责，那就有愧于人民赋予的权力，有愧于“共产党员”这个神圣的称号。

作为党员干部，要想做到勤政为民，自然是离不开对责任的理解和认知。因此，责任心就成为了党员干部进行自我约束的关键所在。一个富有责任心的官员，往往会在责任心的督促下，时刻将人民利益放在心中，通过实际行动来对外展现。

毛泽东同志曾经要求党员干部要做“一个高尚的人，一个纯粹的人，一个有道德的人，一个脱离低级趣味的人，一个有益于人民的人”。而要成为这样的人，最根本要具备的就是责任感，如果是一个心中没有人民群众的人，怎么可能会勤劳务实的为百姓做事情？因此，无论是待人处事，还是为官从政，不仅仅要将责任写在纸上，挂在嘴上，更重要的是将其不折不扣的落实到行动中，只有这样，做人才有底气，做事才会硬气，做官才有正气，才能得到百姓的支持和爱戴。

古往今来，为官之道，从不单一；为官之术，也是五花八门；为官之招，更是千奇百怪；为官之容，可谓千姿百态。千古流芳者不少，遗臭万年者也有。现如今，社会不断进步，有幸步入仕途的为官者，更要摆正自己的官“姿”，要牢记胡锦涛总书记所要求的“为民、务实、清廉”这六个字，千万不能有愧手中的权力和人民的期望，为此，作为党员干部，就要做到勤政爱民，务实为本，以廉为源地真情做官。

纵观历史，流芳百世的好官不在少数，无论是正直为民的包拯，还是不畏权贵、为民办案的海瑞，之所以他们能够被世人传颂，是因为他们真正做到了当官为民，在权贵、诱惑面前，做到了不低头、不伸手，那么究竟是怎样的动力，让他们有如此勇气？答案恐怕只有一个，那就是发自内心的责任感和对百姓的真诚之心。当今的党员干部，更应该学习历史上这些好官的品德，为人民踏踏实实地做一些事情，出于对人民负责的心态，勤勤恳恳的为群众的利益奋斗终生。

当然，历史上不乏自私自利的贪官和庸官，他们总是用不负责的态度对待百姓，所作所为更是为了利己而非利民，他们从未想过要乐民之乐、忧民之忧、急民之急、想民之想，只想着锦上添花、谋位谋权，而不想雪中送炭、为民为官，所以百姓从他们的做事、做官中体会不到真情。党员干部应该以史为鉴，避免自己成为不负责、不为民的庸官。

党员干部不仅要有做人的真情坦诚，更要有为官的负责担当，只有具备这样的素质和品德，才能谈得上为人民勤恳奉献，也只有勤恳为民，才能得到人民的真心拥护和爱戴。官重民，民才敬官；官为民，民才信官。这是为官者必须认识到的道理。

党员干部应该具有“一日从政，一生为民”的决心，更应该成为尽职尽责的好官。每一位党员干部都应该倍加珍惜时代提供的机会和舞台，倍加珍惜组织给予的期望和重托，倍加珍惜人民寄予的信任和支持，用自己的真诚来感动人民群众，用自己的行动来帮助到人民群众，做到无愧于党、无愧于人民、无愧于心。

二、党员干部作风建设：以“服务”为主线

众所周知，勤政务实是领导干部的立身之本、兴业之基。党员干部的作风如何，直接关系到党的形象和服务力，更是关乎国家发展和建设的关键因素。作为一名党员干部，其思想作风、工作作风、领导作风、生活作风任何一方面出现了“诟病”，都会破坏党群之间的关系，损害群众的利益，影响党在群众中的威信和形象，因此，对于党员干部的作风建设，必须引起高度警惕，决不能掉以轻心。

要想完善党员干部作风建设，就需要党员干部时刻将勤政务实、为人民服务放在心间。不断加强学习，提高机关工作服务水平。一名党员干部为群众服务的水平高低，往往取决于其知识和经验的积累，因此，要想做到勤政务实，就要坚持“在工作中学习，在学习中工作”的理念。学习政治和业务知识，扩宽自己的知识领域，增强服务意识。服务意识的增强，才有助于党员干部主动为人民办实事、办好事。

我们政府是“服务型”的政府，党员干部则更是应该时刻用自己的实际行动来服务百姓，在现实生活中，有些群众会反映某些机关干部工作服务效率低下，两天能办完的事情，两个月也不一定能够帮群众处理；有的党员干部则是将群众的事情抛在脑后，认为服务好上级才是关键。这些现象不乏存在，也正是因为存在这些现象，才影响了党的形象。

只有勤勤恳恳为人民服务，在最短时间内帮百姓解除困惑和危难，这才是做到了勤政为民、务求实效。当然，提高工作效率是体现为勤政务实最为直接的外在反映。无论如何强调为人民服务，人民遇到事情，党员干部却一味拖延解决时间、办事情拖拖拉拉，都不可能得到人民的理解和信任。

勤政务实是为人民群众服务的过程，这个过程需要党员干部转变作风，改进为民服务方式。作为一名领导干部，要能够适应新形势的变化和发展，认识到新情况、新问题，根据实际情况改进服务的方式，力求机关服务有新思路、新突破、新举措。只有这样，党员干部的服务方式才能够得到人民群众的信任，才能够真正做到为人民利益而奋斗。

一名合格的党员干部，会时刻将“服务人民”作为自己工作的主线，并以此为动力，在处理人民的事情上，实事求是、尽心尽力、不辞辛劳。也只有这样的官员，才能够真正走到人民群众的内心，成为人民群众心中不可或缺的依靠。

勤字当头，实字落地

一、万事勤为先，无勤不足立

勤劳是中华民族的传统美德，是每一个中国人都应该继承和发扬的优良品质，无论我们国家如何发展，都不要忘记用勤劳的双手来创造出美好的生活。无论我们从事的是什么职业，只有勤劳的在岗位上工作，才能够体现出自我价值。

作为一名党员干部，更是需要在岗位上勤劳工作。勤政就是要有强烈的事业心和高度的责任感，忠于职守，勤奋敬业，踏实干事，爱党、爱岗、爱民。对于领导干部来讲，“勤”不单单包括勤劳，更重要的是“心”要勤。党员干部在做任何决策和判断之前，需要多动动“心”。如果不先认真地思考，那么所做决策往往不会达到想要的效果。尤其是在处理与人民有关的事情时，更是应该多想想，确保不会违背人民的意愿和利益，只有这样才可能称之为“勤”。

韩愈有言“业精于勤，荒于嬉；行成于思，毁于随”。可见，不管是哪行哪业，要想做得出色，就要以勤为先。勤政爱民应该是每一位党员干部需要遵循的基本“从业法则”，只有对和人民群众相关的事情更加细心和认真，才可能让人民过的更加幸福。

党员干部的“勤”，应该是做一切事情的前提，可以想象，如果一名干部做事懒惰，不能主动的为人民群众解决难题和疑惑，不能为人民的事情付出心力和脑力，那么一切为人民服务的宗旨就都为白谈。故此，勤政才能爱民，反之，爱民的官员才会勤政。

在一名深受百姓爱戴的官员心目中，人民的爱戴是对自己最大的褒奖，他们会更加注重为人民做实事，只要是人民的事情，他们都会勤劳主动，致力于为人民办实事的基础之上。而对于不能为百姓办实事，只懂得为自己牟私利的官员，根本不懂得什么是勤政，也不会为了百姓的利益而奔波，因此，这样的官员迟早会被人民所“抛弃”。

二、党员干部勤政务实切忌：“假”“大”“空”

一名党员干部无论做什么事情，都要对得起人民的信任，因此只有勤政务实才能够对得起人民百姓。那么何为勤政务实？党员干部怎样做才能够称得上勤政务实？勤政务实就是无论官职大小、能力强弱，都能够自觉自发的忠于职守、爱岗敬业、勤奋工作、为民办实事。热爱人民、关爱群众，一切从人民的利益出发，想人民之所想、做人民之所需。

党员干部的勤政务实是为了保持与人民群众的血肉联系，是为了实现好、维护好、发展好人民的根本利益，是为了赢得人民的拥护与爱戴。而在实际的工作中，不乏一些官员勤自己之“政”，为了实现自身利益而忙碌，也不乏勤上级之“政”的官员，这些官员所做一切都是为了能够让上级满意，为自己升官做准备，这些“假”勤政，真利己的行为是违背党的宗旨的。有些官员则为了让人民感觉到自己是有所作为的，是务实为民的，不惜夸大自我能力和政绩，在工作中，只做表面工程和“脸面工程”，所做之事和人民的利益是相违背的，这种“务大实”的表现，同样不是爱民为民的行为，反而会给人民群众带来灾难。除此之外，一些官员则是按照党组织的要求，加大力度宣传勤政务实的工作作风，可是所谓的宣传仅仅是停留在口头上、会议上、报告中，根本没有将其落实到实处，从而“勤政务实”则单纯成为了一个空口号，空谈“勤政”本身就是一种不务实的表现，这样的行径则往往是人民所不齿的。

作为党员干部要真正做到勤政务实，就需要避免自己出现“假”、“大”、“空”的工作作风，真正做到忠心爱党、爱岗敬业、务实爱民。众所周知，“得民心者得天下”的道理。荀子也曾说过：“上之于下，如保赤子。”执政者对于人民群众来讲，就要像爱护婴儿一样地关爱他们。要亲民爱民，以民为本。在新形势下，党员干部需要做的就是从人民的角度出发，为群众做事情、办实事，只有这样才能够算得上真正的勤政务实。

当官员无法为百姓主动做实事的时候，也就是到了自我检讨的时候，党员干部时刻记住只有保持勤政务实的优良作风，才能够避免自己犯错误，避免做出违法乱纪的行为。

三、勤政务实的基本功：“四勤”“四心”

要做到勤政务实，党员干部就需要先做到“四勤”，即脑勤、眼勤、手勤、脚勤。脑勤，指的是在为人民服务的过程中要勤于动脑、勤于思考，善于发现问题和分析问题，尽最大努力为人民群众解决问题；而眼勤指的是要多观察百姓疾苦，多学习知识，善于将书本知识和实践结合起来，从中汲取智慧，为解决人民群众的实际问题而提供思路和方法；手勤，指的是多记多写，多为人民办实事、办好事；脚勤，则是要求党员干部能够时常深入基层、联系百姓，走到人民群众身边，真切感知百姓疾苦，从而改进工作方法和效率。

党员干部具备了“四勤”还不够，还需要具备“四心”，即诚心、热心、责任心、平常心。所谓诚心，就是要求党员干部能够诚心的忠于党、忠于人民；热心则是需要党员干部具备关爱群众之心；具备尽职尽责、爱岗敬业的责任心；有谨慎工作、认真为公、踏实做人的平常心。

当党员干部具备了“四勤”“四心”，那么才能够练好勤政务实、为民服务的基本功，才能够真正地做到解民忧、帮民富，才能够真心实意的去实现好和维护好人民的根本利益。

脚踏实地：万丈高楼平地起

一、既要仰望星空，更要脚踏实地

2010年，五四青年节当天，温家宝总理来到北京大学，有学生蘸墨写下“仰望星空”的诗句来欢迎总理的到来，而总理则挥毫相和，写下“脚踏实地”四个大字赠送给学子们。温家宝总理曾经说过：“一个民族有一些关注星空的人，他们才有希望。”在这里的“星空”则是指远大的理想和目标。而对于一个国家和民族来讲，壮丽而光辉的“星空”就是中国特色社会主义道路，就是科学发展、以人为本、公平正义。回望遥望星空的道路，我们看到的应该是无数个脚踏实地的先驱和脊梁。

作为一名党员干部，不仅要有仰望星空的勇气，更要有脚踏实地的动力。不仅要有远大的目标，更重要的是要能够踏踏实实不断努力去实现目标的韧性。目标是指引党员干部前进的方向，而务实才是实现目标的途径。

在十八大开幕式上，胡锦涛的讲话简明扼要，只讲报告要点；习近平视察广东时，也是轻车简从，不封路清道。无论是从转变会风，不大段大段的念发言稿，到实际行动，处处体现中央领导集体以身作则，率先垂范务实之风。而作为基层干部的我们，更要脚踏实地地去认真执行各项规定，以实实在在的举措和行动做好各项工作，着力解决好人民群众最关心、最直接、最现实的问题，牢记“实干兴邦、空谈误国”的道理，最终多为民办事实，多为老百姓解决困难。

古语有言：“千里之行，始于足下。”温家宝总理也曾说过：“一个民族只是关心脚下的事情，那是没有未来的；但一个民族不关心脚下的事情，也是没有未来的。”作为党员干部，应该从“万丈高楼平地起”的事实中，深刻认识到要想成就大业，必然既要“仰望星空”，也要做到“脚踏实地”。

如果说“仰望星空”要求党员干部拥有远大的目标和理想，那么“脚踏实地”，就是要求每一位干部都能够真正做到务实，身体力行，扎扎实实地从基本的事情做起，一步一个脚印地向着目标前进。尤其是对于基层工作者来讲，更是需要深入到百姓中去，了解人民群众的疾苦和危难，通过一件件小事情的处理，帮助人民群众摆脱困境，解决问题。

如果说“仰望星空”是国家的未来和希望，那么“脚踏实地”就是每一位党员干部在为国家创造更美好未来的道路上，真切的服务于群众，从实际行动出发，让每一位人民群众都能够感受到党员干部散发出的正能量。

一位合格的党员干部不会允许自己只懂得树立目标和志向，而不去付出实际行动和汗水的。他们懂得无论做任何一件事情，不付出实际行动，只是幻想，是绝对不可能实现自己的目标的，而对于广大人民群众来讲，他们希望自己的“父母官”，能够替自己排忧解难，帮助自己过得更好，而这些愿望的达成都是需要党员干部付出努力和实际行动的。

总而言之，要有高远的人生目标和理想追求，也要有脚踏实地、留血流汗的实际行动，只有这样党员干部才能够得到人民群众的信赖和支持。

二、党员干部必备素质：咬定青山不放松

透过“万丈高楼平地起”的理论，党员干部应该意识到成就“高楼大厦”，必然需要一砖一瓦的填筑，更需要一滴汗水一滴汗水的流淌。这不仅是一个真打真干的过程，更是一个充满耐心和毅力的过程。如果作为党员干部的你，面对实现远大志向过程中的坎坷和挫折，选择了不耐烦和退缩，那么可想而知，结局肯定是失败的。故此，党员干部应该具备脚踏实地做事情的耐心和毅力，具备实现远大目标和志向的决心和勇气。

党员干部要做到脚踏实地，首先要具备时不我待的紧迫感，当心中有了这种紧迫感，做起事情才不会犹犹豫豫、不敢前进。与此同时，也要有不进则退的危机感，一个人如果不求上进则就是退步，不想着多为人民做些事情，则必然会为人民利益造成负面影响。最后，踏踏实实做事情是一种具有责任感的体现。在实际工作中，要做到接受任务不讲任何条件，完成任务不打折扣，敢闯敢试、敢于突破自我，锲而不舍、坚忍不拔的面对任务中的困难、努力创造经得起人民检验的实绩。

脚踏实地是一种“咬住青山不放松”的精神，它要求党员干部能够在为人民服务的过程中，时刻拉进思想的缰绳，一刻也不放松。通过一桩桩、一件件的事情来服务于群众。孔繁森就是这样一名党员干部，他用自己的双脚走遍了整个雪域高原，他用自己的生命来为藏区人民服务。在孔繁森的人生字典里写满了爱，有对党的忠爱，有对人民的热爱。他用自己坚定的信念和实际行动来真切地改变着藏区人民的生活环境，可谓是真正为人民办实事的好官。

一个具有坚定信念的人，浑身散发出力量。而一个能够在困境中，仍然用行动实践者、追逐着的人，则浑身散发出光芒。作为党员干部应该在为人民谋福利的工作中，坚定信念，时刻不放松，让自己的行动真真切切地改变着人民的生活，只有这样，人民群众才能够信赖你，支持你。

耐心与毅力是党员干部必须具备的基本素质，只有具备了这些素质，才能在面对困境时，选择勇往直前；在面对艰巨任务时，选择激流勇进；

在面对人民时，选择服务到底。

三、党员干部队伍建设：开展务实教育实践活动

古人说："教者，效也。上行之，下效之。"可见，要想提升党员干部的务实能力和水平，就应该积极地开展教育实践活动，这对党员干部队伍建设有很好的作用。

实践是检验真理的唯一标准。通过实践活动的学习和锻炼，党员干部才能够更加明确自己为人民服务的信心和勇气，才能够做到为民、爱民；才能真正做到勤政务实、敢于担当、清正廉洁的"五好"干部，争建"讲政治、重公道"的党组织，才能给党员干部队伍建设注入新的活力。

如果说，开展教育实践活动，是一场我们党 8000 多万名党员正面临的、旨在清扫思想和行为上灰尘与污垢的新的时代大考。在对党员干部开展务实教育实践活动的过程中，首先要加强对干部队伍的教育管理，可以结合不同领域和行业党员的实际特点，组织党员深入学习中国特色社会主义理论体系，加强对其思想理念的提升教育，从而巩固人民群众在其心目中的地位，激发党员干部的积极性和主动性，提升党员干部的实践能力。其次，要提升党员干部的工作水平。很多党员干部想要踏踏实实地做事情，但是却受制于自身工作水平底下，效率不高等问题，才导致自己无法真正做到踏实工作、不断进取。在实践活动中，对这一现象进行更为全面到位的教育培训，从根本上提升党员干部的办事能力。最后，注重党员干部的长效教育。对干部的教育不是一次性解决的问题，需要在实践生活中投入更多的精力。

"领导带头、自上而下"，既是中央、省委对各级领导干部的政治要求，也是这次开展教育实践活动的重要方法。因此，要想提升党员干部的队伍建设，就需要各个部门、各个人员的全面配合，领导带头、下属效仿。这样一来实践活动的教育意义才能够更大化发挥出来。

在进行党员干部的务实教育活动中，典型和榜样的作用是很重要的，要积极地鼓励党员干部去了解、学习先进典型人物的事迹和报告，激发党员干部向其学习的动力。同时，党纪政纪条规是我们每一个党员干部的基本准绳，也是高压线，是绝对碰不得的，掌握这些条规是对每一个党员干部特别是领导干部的起码要求，我们必须原原本本、认认真真地进一步加强学习，并铭记条规，时刻提醒自己，分清是非界限，做到“不越雷池”半步。时刻保持清醒的是非观，才能够做到真正意义上的务实，才能真正为人民利益而奋斗。

“务实”不仅仅是一个口号，更应该是党员干部进行自我督促的一盏红灯。当我们想着为自己谋利益、偷懒耍滑时，不如想想“务实”的真正含义与内涵，这样能够避免党员干部做出有损人民利益的事情，避免自己走上违法乱纪的不归路。

科学发展：决策失误的高昂代价

一、党员干部的决策要依靠实际

作为手中握权的党员干部，每一个决策都关乎人民的利益，因此决策不能“任性而为之”，党员干部的决策力就成为其能否造福一方百姓的关键所在。那么，何为决策力？决策力，是指领导干部审时度势，把握全局，作出正确的战略部署，制定科学的指导思想、工作思路和发展目标的能力。从其概念中，就能看到构成这种能力的关键少不了“审时度势”。审时度势要求官员能够根据社会发展情况、国情、人民实际情况来对问题进行分析，而这里的“势”不是自己的势力，更不是上级高官的“势”，而是国家的趋势，人民的“势”。

不同地区、不同时期、不同的种族都有着不同的特点和发展现状，因此，这就要求身在不同岗位上的党员干部对自己所在地区的形势有所了解，对当地百姓的实际特点进行了解和分析，只有这样才能够做到“实事求是”，才不会犯“经验主义”和“教条主义”的错误。

作为党员干部要具备强烈的责任心，对自己所作出的决定和决策要全面负责，担当起重任。有责任心的党员干部才会谨慎作决策，争取每一次的决策都是正确的，都能够给人民谋得利益。而不负责的党员干部从来不关心自己的决策是否会达到好的效果，也不关心决策本身是否正确，作决策仅仅是为了应付上级检查或者是应付人民监督，其决策根本起不到好的作用和效果。这样的决策不但不会为人民造福，反而会对人民群众的利益造成负面影响，甚至给国家造成财产损失。

党员干部作为我国各级行政和经济单元的领导者，处在一个领导核心的特殊层次，单从执政层次上来看，其具备很强的统领性。各级党员干部在进行决策时，都需要依靠其各种能力的综合，从而作出全局性的决策，而这个过程中，党员干部一定要依靠实际的力量，绝对不能脱离实际，而要想获得实际而真实的信息，就需要各级党员干部脚踏实地，深入到工作中，进行一步步的了解和研究，绝对不能单凭自身的喜好和感觉来作出决策。再者，党员干部从执政对象来看，具有直接性和具体性。可以说领导干部是党在人民群众中的形象代言人，故此，各级党员干部在决策时就更要充分尊重本地实际，考虑社会和人民的承受能力，踏踏实实的做好大量繁杂和细节工作，从而保证决策的科学性和合理性。

对实际情况的信息获得，往往是通过勤政务实的工作得来的。如果党员干部单纯依靠政治理论找到最佳的决策方案，这通常是很难做到的。因此，这就要求党员干部能够将“心”放在自己实际工作中，踏踏实实的总结实际情况，做到实事求是，从而作出更为符合人民需求的决策。

二、科学发展需要脚踏实地

发展，是执政兴国的第一要务。科学发展则是体现了坚持“发展是硬道理”的必然要求。在 2003 年 7 月 28 日，胡锦涛在讲话中提出了“科学发展观”的重大战略思想，而科学发展观就是坚持以人为本，全面、协调及可持续的发展观。第一要义是发展，核心是以人为本，基本要求是全面协调可持续，根本方法是统筹兼顾。

要实现中国的科学发展，就需要党员干部能够脚踏实地地做一些事情，而不是做一些“假大空”的决策和决定，因此就需要各级干部从实践中提炼到精华和智慧，从而服务于人民，将人民利益作为一切工作的出发点和落脚点。当然，要实现科学发展，并不是一朝一夕的事情，这是一个长期的目标，同时在这个目标的实现过程中，更是需要各级党员干部能够真正站在人民的角度去思考问题，踏踏实实地为百姓做实事、做好事，只有这样才能够实现科学发展、稳健发展。

在当今社会，不乏有一些好高骛远的官员，他们的愿望是好的，但是其愿望和目标超出了人民所能够承受的范围之内，同时要想实现这些愿望，几乎是很难做到的。对于这样虚无缥缈的思想，有些官员选择跟风，有些官员则是纵容，从而导致民怨肆起，可见，不切合实际的目标则是不科学的发展观。那么要想树立科学的发展观，就需要党员干部能够提升执行力。

对于一个科学的决策来讲，要想能够实现其效果，就需要各级党员干部具备很好的执行力，而执行力的突出表现则是能否高效完成决策的各个方面，从而实现目标。在这个过程中，党员干部如果不能够脚踏实地、稳步前进，而是好高骛远，不切实际的去工作，恐怕也是无法实现正确决策的。

脚踏实地的工作作风是避免决策失误的关键因素，同时也是实现科学发展的必要手段。作为党员干部，需要在自己的工作岗位中，做到一步一个脚印，按照实际情况来工作，而不是盲目按照别人的经验去工作。科学发展观的实现，需要以人民群众的利益为出发点和落脚点，这就要求党员干部能够立足群众、立足实际，做到科学决策。

三、党员干部科学决策：尊规律，重民意，立程序

众所周知，党员干部的决策一旦失误，则会给人民造成巨大的损失和

危害，因此，保证决策的科学性和合理性，就成为党员干部学习的重点。

首先，要尊重客观规律，对于社会发展中不可改变的客观规律要以尊重的态度对待，坚决不搞“拍脑袋”决策，提倡“慢决策、快执行”。要使每一项决策都充分体现出时代性，并富于创造性。比如长江三峡水利枢纽工程是历经了半个世纪甚至是几代专家学者的科学论证，最终由党中央、国务院作出的决策和安排，此工程不仅有利于民生，也对防止自然灾害有着很重大的作用，由于此项决策强化了科学性，得到了广大人民群众的普遍认同和广泛支持。

其次，决策需充分体现民意，做到民主决策。党员干部在决策过程中，一定要将人民群众愿望和利益贯穿于想问题、作决策的全过程。与此同时，在必要的时候，要健全重大决策征求意见制度，党员干部在决策前对民意考察和调研是必不可少的工作。在决策过程中，也要听取人民群众的呼声，坚持将人民群众的意见和要求作为决策的基本依据。

最后，严格决策程序，做到规范决策。党员干部的决策能力，绝对不是个人英雄主义，更不能搞个人崇拜。因此，需要严格决策的程序，每一个决策步骤都要做到公正，做到规范决策，只有这样才能够避免出现决策失误的现象。

勤政务实：避免心气浮躁、急功近利

一、长风破浪，需稳住帆桨

每一位党员干部就如同是船上的指挥官，想要在无边无际的大海上远航，则需要在风浪来临时，指挥水手稳住船桨，在遇到礁石时，能镇定地指挥水手避开危险。如果船长急于到达彼岸，不顾途中的危机，焦躁地指挥航行，自然会被汹涌的海浪所吞噬。

“稳”不仅仅是要求做事要稳重，更强调的是一种心态，一种不急不躁的心态，这种心态关乎党员干部做事情是否能够成功，是否能够真正为百姓做实事。

在实际工作中，不难发现会有这样的领导干部：他们面对歪风邪气不能坚决抵制，面对发展难题总是心浮气躁，急于求成。凡此种种，损害了形象，降低了公信力，更容易使工作陷入僵局，给事业发展造成不利影响。

党员干部在面对问题时，首先要做的就是能够心平气和的对待之、处理之。对于复杂的问题，要保持清醒理智的头脑，避免出现焦躁不安的情绪，防止因为自己的焦躁作出错误的决定。对于简单的问题，更不要急于求成，轻视或者无视问题的存在，避免因为失误而失败的情况出现。

俗话说得好“心态决定命运”，对于党员干部来讲，心态决定的不仅仅是自己的命运，还可能影响到人民群众的命运。如果在面对问题和事情时，党员干部总是无法让自己冷静对待，无法按照事物发展规律进行处理和找到解决办法，选择的解决办法是违背事物发展客观规律的，自然结果会和预想背道而驰，最终，影响的是人民群众的利益，损害的是国家的资源。

我们常说“着急吃不着热豆腐”，做任何事情，“急”都不会“急”出好结果。唯有心平气和、稳打稳做，按照事物发展规律来做决定、办事情，这样才会收到预想的效果。而党员干部要做到勤政务实，更应该避免焦躁与急功近利的做事态度，这种态度不仅不会对工作起到正面的作用，反而还会导致在工作中出现失误，导致工作无法正常进行，甚至是达到事倍功半的效果。

二、党员干部优良作风：谦虚谨慎，不骄不躁

谦虚谨慎、不骄不躁，是中华民族的传统美德，也是我们党的优良作风。新中国成立前夕，毛泽东同志及时告诫全党，务必继续地保持谦虚、

谨慎、不骄、不躁的作风，务必继续地保持艰苦奋斗的作风，不要犯胜利时骄傲的错误。在新世纪，面对新形势，更要求党员干部能够保持谦虚谨慎、不骄不躁的传统美德和优良作风，这种工作作风不仅没有过时，而且越来越具有重要的时代意义。

在推动社会主义事业发展的过程中，作为党员干部更应该能够做到积极地为人民做实事、办真事，而要做到这一点就必须要克服心浮气躁、急功近利的思想，谦虚谨慎、不骄不躁的工作作风便是克服不良心态的一服药。

古往今来，因取得成绩而骄傲，由骄傲而刚愎自用、忘乎所以，最终遭受挫折乃至失败、灭亡的事例不胜枚举。现如今，党员干部在工作中更应该避免因为一点点成绩便骄傲自大，做事情变得焦躁不安，无法心平气和处理问题的现象。一个做事焦躁自大的人，是不足以为人民群众办事情的。

反之，有些党员干部在工作中，根本做不到认真谨慎，见风就是雨、说东就是西，做事情急于求成，这样的作为也总是会以失败告终。一名真正能够替百姓思考、为百姓做事的官员，往往在做决定之前都会理智谨慎地进行分析思考，谦虚地向人民群众咨询，根据事物发展规律来作出更加科学合理的决策，最终真正达到为人民之所需。

党员干部要保持谦虚谨慎、不骄不躁的优良工作作风，真正意义上做到勤政务实、为民办事，就需要深入基层到人民群众中认真调查研究，实事求是地帮助人民群众解决生产、生活中存在的实际困难和问题；不争功诿过、懈怠懒散，更不能敷衍塞责、粗枝大叶，促使人民群众广泛而真切地感受到党员干部的先锋模范作用，也使党员干部能够深刻地感悟和准确地把握人民群众的直接监督的力量，从而不断提高自我的决策管理和党性修为。经过亲身调研之后，党员干部要如实地将实际情况进行反映、研究，经过商讨、分析之后，找出针对人民群众困难的解决策略。在决策实践中，认真不苟的对待每一个突发情况，不可麻痹大意，更不可急于求成。只有这样，才能够从真正意义上帮助人民群众摆脱困境，做到勤政务实，实现人民利益。

以史为鉴

狄仁杰：沧海遗珠，勤政务实

1. 勤于政务，明察秋毫

狄仁杰（630年—700年），字怀英，号德英，并州（山西太原）狄村人，为唐朝、武周时的著名宰相，上承贞观之治、下启开元盛世，为国贡献卓著。

仪凤元年（676年），调任为大理寺丞的狄仁杰，掌分判寺事，正刑之轻重。这个职位，对狄仁杰来说确实颇为合适，因为能够充分地发挥他的才能。

上任第一年，狄仁杰勤于政务，明察秋毫，凭借一人之力，审理了无数在大理寺积压多年的冤假错案。这些案件涉及人数多高达上万人，波及范围非常广，如果交予常人审理，耗时很久不说，恐怕还难以审理清楚。

可是，狄仁杰勤勤恳恳、毫不懈怠，在短短一年时间之内，便将那些冤假错案一一审理完毕，而且竟无一人冤诉，一时间名声大振。无论是朝廷之中的文武百官，或是市井之中的贩夫走卒都纷纷议论，称赞狄仁杰不辞辛苦、断案如神。从此以后，狄仁杰成了朝野上下备受推崇的大法官，同时民间也尊称其为狄青天。

垂拱四年（688年），狄仁杰出任豫州刺史。当时，宰相张光辅率军平叛，胜利后却未约束下属，放纵士卒滥杀无辜，竟致两千多名被胁从的百姓蒙冤。狄仁杰当面怒斥他的暴行，认为判决有误，决定暂缓行刑，并上疏武则天，恳请从轻处理这些无辜的百姓。

武则天被狄仁杰恳切的言辞打动，最终赦免了这些百姓的死罪，改为将他们发配到丰州。发配途中，这些百姓听说是狄仁杰救了他们时，所有人都感激涕零。

2. 实事求是，绝不徇私

有一次，一名武官误砍了一株昭陵的柏树，本罪不当诛，但盛怒中的唐高宗下旨要处死这名武官。狄仁杰为此上奏请求依法处理，周围群臣看到唐高宗龙颜大怒，都示意他赶快退下。

但狄仁杰却犯颜直谏，道："国家的律法，对各种罪行的处罚均有明文规定，怎能在没有触犯死罪的情况下，却处以极刑的道理？一旦有法不依，叫我们的百姓如何信服？如果陛下为了一株昭陵的柏树而处死一名武官，历史将如何评价陛下？"在狄仁杰的据理力争之下，唐高宗最终收回成命，依法处理了此案。

还有一次，一个名叫王本立的高官凭借皇帝的恩宠，恃宠而骄，言行放纵。狄仁杰上奏请求将他交给有司审察，但因唐高宗有意包庇，始终未果。

对此，狄仁杰无法视而不见，于是再次挺身而出，进谏道："国家虽然缺乏英才，但并不需要王本立之流，陛下怎么能为了包庇有罪之人而废弛国家的律法？如果陛下一定要赦免王本立，那就请免去我的官职，让后世的忠臣引以为戒。"

唐高宗也知道不该徇私包庇，无奈之下，只能将王本立交予有司定罪，一时间朝廷肃然。

3. 不信妖言，务实本分

显庆五年（660 年），唐高宗与武则天巡幸汾阳宫，狄仁杰随行负责途中各项事务。当时去汾阳宫要路过一座妒女祠，民间传说，如果有衣着华丽的人经过，妒女就会引发风雷灾害。

这样的民间传说，本是无稽之谈，但是，天子出行，地方官唯恐出了岔子。为了以防万一，并州长史李冲玄决定，征发数万百姓新修御道，以便避开妒女祠。

得知此事后，狄仁杰心里就琢磨，这几万百姓难道不要耕田种地、养家糊口吗？为了这种形象工程劳民伤财，实在是要不得！

念及此，狄仁杰赶紧把并州长史叫过来，笑道："九五至尊，帝王出行，万千随从，何须害怕什么妒女？"所以，你就别再跟着凑热闹搞形象工程了，让百姓们散了吧，该干吗干吗去，别净整些没用的，平白加重人民百姓的负担。

后来唐高宗听说了这事，也是连连称赞狄仁杰心系苍生、体恤民情，情不自禁就赞叹了一句："真丈夫哉！"

久视元年（700 年），沉迷佛教的武则天，被一个胡僧蛊惑，竟然异想天开地想建造一尊大佛。这种事情耗资甚巨，朝廷无法全部负担，因此武则天便号召全国的和尚去化缘捐钱。

狄仁杰当时就冒死直谏，"如此劳民伤财之事，甚是荒唐。更何况，现在水旱频发、边境战乱未宁，正是多事之秋，若是大动干戈造佛像，一旦财政出现缺口，到时候怎么办？"武则天想了想也觉得有理，只能放弃了这个造佛计划。

同年，狄仁杰进封内史，可惜不久后便病逝，比之武则天，他后生先死，享年 71 岁。当其逝世之际，武则天悲痛而泣："朝堂空也。"悲痛之余，武则天追赠狄仁杰为文昌右相，谥号文惠。

武则天对狄仁杰非常敬重，常尊称他为国老，从不直呼其名。逝后又获此凭吊，国老之称当之无愧，而后，又受到唐中宗和唐肃宗追封，为官如此，夫复何求！

纵观狄仁杰的一生，可以说是宦海浮沉。狄仁杰为人正直，勤政务实，把孝、忠、廉称之为大义。始终将黎民百姓的疾苦系于心间，甚至在为民请命、仗义执言的时候不惜冒死直谏。

作为一个封建统治阶级中杰出的政治家，狄仁杰每任一职，都心系民生，政绩卓著。而他刚正廉明、忧国济民的节操，更成为了后世的人臣典范。

大唐四相：左辅右弼，千秋宰相

中国历史上有不少贤相、名相，但是，在同一个朝代中，同朝为官的两位宰相能够相提并论、互为依存的，却委实不多。若是提及唐朝的名相，史书必提四人——房玄龄、杜如晦、姚崇、宋璟。

正如欧阳修在其主持编撰的《新唐书》中所说："唐三百年，辅弼者不为少，独前称房、杜，后称姚、宋。"更加难能可贵的是，这四位宰相，两两为臣，同朝为官，房谋杜断，开创了贞观之治，而姚崇宋璟，则对开元盛世贡献良多。

1. 遗表直谏房玄龄

房玄龄（579 年－648 年），名乔，字玄龄，唐代齐州临淄人。他是开创贞观之治的主要谋臣之一，深受李世民的重用，素有盛唐贤相之美誉。

李世民对房玄龄有知遇之恩，因此，房玄龄为其筹谋军政要务的时候，总是竭心尽力，不敢有丝毫懈怠。唐朝建立之前，每当秦王李世民率军剿灭一方割据势力以后，军中之人都在全力搜求奇珍异宝，只有房玄龄首先想到要收罗人才、拢为知己，以便为李世民储备人才。"聪明识达，王佐之才"的杜如晦，就是经过房玄龄举荐以后，才受到李世民重用的。

仅从房玄龄一生施行的举措，便可看出房玄龄的勤政到了何种地步，甚至于在房玄龄晚年重病垂死的时候，他都还心系国家，时刻不忘为国出力，为太宗出谋划策。

贞观元年，房玄龄重视吏治，认为吏治问题是求治的根本，而官吏的公平正直又是治国之要道。在选举官吏的问题上，唐太宗主张“量才授职，务省官员”，房玄龄忠实地贯彻了他这一思想，大力简政，并省官吏、精减官吏。对于刚刚经历隋末大乱和人口锐减的初唐来说，此举既能裁去冗官滥职，避免官多民少，提高朝廷各部办事效率，同时又节省了财政开支，减轻了人民负担。

房玄龄精通典制政令，贞观初年，天下初定，典章制度还很不完善。为了弥补缺陷，房玄龄被任命为上书左仆射，与杜如晦共掌朝政。唐初的法令、礼乐等制度，几乎都是由他们二人主持制定的。另外，房玄龄还负责监修国史，主持编撰了二十四史之一的《晋书》。

在修订律令方面，房玄龄以宽厚平和的思想，简化律令，去除酷刑，更定律、令、格、式。在他的主持下，最终完成了《贞观律》的修订，前后历时长达近十年。《贞观律》为后来的《永徽律》，以及中国现存最古、最完整的封建刑事法典《唐律疏议》奠定了基础。

房玄龄监理宰相之职长达二十余年，是唐太宗时期任职宰相最久的人。期间，朝廷里曾有魏征之直谏，亦有李靖之武功，然房玄龄一介儒生，总理宰相事宜，一不争权夺利、二不恃宠而骄，外与武将配合、内与文臣协作，低调做事、高调做人，因而备受唐太宗之信任。

贞观二十二年（648年），房玄龄病重，李世民派御医为其医治，每日供给御膳，并亲临探望。纵观房玄龄任职期间，殚精竭虑、废寝忘食，几无休憩之时，甚至在他临终之前，他依旧在忧心国事。

重病垂死之际，房玄龄担心唐太宗会再度征讨高丽，劳民伤财，又担心到时候朝廷上下无人敢直言进谏。想到这里，房玄龄不顾病情，坚持上表进谏，恳求李世民以天下苍生为重，停止对高丽的征讨。

李世民看见奏表，感慨万分地说：“玄龄病危临死之际，还能忧我国家之事，不愧是朕的勤政之臣。”后世《历代古人像赞》中有对联一副，赞其曰：辅相文皇功居第一，遗表之谏精忠贯日。

2. 贤辅谋深杜如晦

杜如晦（585年—630年），字克明，陕西长安人。他是李世民智囊团的核心人物，为天策府十八学士之首，在凌烟阁二十四功臣中，以其“贤辅谋深”排名第三。

唐朝初期，杜如晦随李世民东征西战，他运筹帷幄、决胜疆场，立下了不可磨灭的战功。“玄武门之变”中，他与房玄龄等人共同参谋部署，又发挥了重要的作用。

贞观初期，杜如晦因其治世之才，在唐朝初期的“贞观之治”中功劳显著。贞观三年，李世民任房玄龄为尚书左仆射，任杜如晦为尚书右仆射，左右丞相默契配合，同心同力，共同辅政。

在左右丞相的通力配合下，初唐度过了内忧外患，经济开始好转，政治趋于稳定，人民生活富足安康，呈现一派欣欣向荣的景象，最终开创出了大唐王朝的第一个盛世，史称“贞观之治”。

相比于房玄龄，杜如晦的一生是比较短暂的。而在他短暂的一生中，有过失意，但是更多的是被人赏识。英雄惜英雄，房玄龄极力推荐他，并成为了他的好搭档。

房、杜二人，一个善于出谋划策，一个善于当机立断，后人赞其为“房谋杜断”。时至今日，贞观之治的历史仍然为人津津乐道，而居功至伟的房玄龄和杜如晦，也因此成了后世宰相的典范。

3. 姚崇：勤于政务，善于变通

姚崇（650年—721年），字元之，本名元崇，避唐玄宗“开元”年号讳，改名姚崇。他出身于官宦世家，历任武则天、唐睿宗、唐玄宗三朝宰相，有“救时宰相”之称。

姚崇为人稳重、做事干练，勤于政务、恪尽职守。他刚刚入仕时，虽然只是担任一个小小的夏官郎中，但他不因官小而懈怠。当时契丹入侵，朝廷的军机事务非常繁忙。每当他经手一份军机文书时，他都不厌其烦地进行研究分析，将军务处理得井井有条。武则天见他如此勤政干练，于是破格提拔他为夏官侍郎。

唐玄宗继位后，姚崇被任命为兵部尚书，代替郭元振担任宰相之职。这时候，他已经身居高位，手握重权，但是，他却丝毫没有因此松懈，反而更加地勤于政务。期间，姚崇不仅兢兢业业地将本职工作处理好，而且还在百忙之中研究时弊，并向唐玄宗提出了十项对策，即“十事要说”。

对于姚崇提出的对策，唐玄宗颇为赞赏，全部予以采纳。而对姚崇的勤政，唐玄宗看在眼里，天下百姓则记在心中。到了开元年间，许多地方的百姓不仅为姚崇盖了庙宇，有的甚至把姚崇的画像当作真神来供奉。至今台湾省都还保存了专门祭祀姚崇的姚王爷庙。

4. 宋璟：守法持正，公正务实

宋璟（663年－737年），字广平，经武、中宗、睿宗、殇帝、玄宗五帝，在任52年。他的一生都在为振兴大唐励精图治，与姚崇同心协力，为“开元盛世”贡献了毕生的精力。

相比于姚崇的勤政，宋璟担任宰相时最大的特点，则是公正务实。

神龙二年（706年），京兆人韦月将上书唐中宗，告发武三思“潜通宫掖，必为逆乱”。得知此事后，武三思反咬一口，诬陷韦月将挑拨君臣关系，大逆不道，意图谋反。当时的唐中宗还颇为信任武三思，因此听信谗言，非但没有追查武三思“潜通宫掖”的罪行，反而还要将举报有功的韦月将处斩。

对此，宋璟认为案情尚未调查清楚，不宜草率地处决举报人，因此上书暂缓处决，请求将事实调查清楚。盛怒的唐中宗直接呵斥道：“朕意已决，休要再言！”宋璟怡然不惧，冒死谏曰：“兼听则明，偏信则暗。恳请陛下查清事实再用刑。若陛下执意如此，请先讲微臣斩首，不然微臣实难奉诏。”

为了一个不相干的人，宋璟竟能冒死进谏，坚持调查真相、查明事实，其正直刚毅、公正务实的品格，由此可见一斑。

域外经验

瑞士、瑞典公务员聘用、培训与绩效管理体系

1. 坚持公开公平，实行灵活的公务员选拔录用制度

瑞典公务员队伍分为政务、管理、聘用三类，范围较为宽泛，不仅有政府官员及普通工作人员，也包括军队、司法部门工作人员，还涵盖了大专院校教师、卫生系统医护人员、国家研究机构人员、社会福利人员、公职系统的工勤人员。公务员招录坚持广泛公开，实行平等竞争，公务员晋升职务也采取这种开放透明的方式，而不是以职业性体制形式由内部晋升，内部在职人员并不具有优先权，必须与社会上的其他参与者同等竞争，优者胜出。

一律公开竞争。瑞典政府根据工作任务需要招录新的公务员时，一律采取公开竞争的方式，打开了政府的选择视野，提高了政府选贤任能的几率，同时也为社会公众参与公共事务管理提供了良好的渠道，为优秀人才进入政府服务社会打开了门户。

突出强调公平。瑞典选拔招录公务员的公平主要表现在三个方面：一是内部在职人员并不具有优先权，唯一优势仅在于他熟悉所竞争岗位的工作，具有一定的经验；二是没有最低年龄限制，只要在退休年龄以前，符合条件者均可参与竞争；三是男女平等，以往公务员队伍中男性比例较高，现在中央政府中女性已占 49.5%，而且这一比例仍处于升高趋势。

招录方式灵活。瑞典政府在招录公务员时严格按照职位能力需求选人，通常没有统一的录用考试，对一般岗位人员的招录，主要以资格审查、了解专业能力背景为主，重视专家推荐和面试，但针对不同部门不同领域的特殊情况，也会采取有针对性的考试考核等方式。在招录领导层人员时，有特殊选择渠道，比如通过猎头公司等。

2. 引入绩效评估，加强对公务员的考核

西方政坛上的政要经常更迭，但其政局一般能保持稳定。这在很大程度上得益于国家精英管理团队——高级公务员队伍的稳定。而国家精英管理团队的形成又得益于健全的、科学的公务员考核评价体制。瑞士、瑞典对公务员的考核评价重点关注两个方面，一是注重能力，尤其是潜在能力，二是重点关注绩效。

注重对领导能力的评估。西方一些管理学者认为，人的能力可以开发，但作为领导者的天生素质是无法开发的。瑞士政府使用 360 度测评和领导胜任力模型等较为科学的评估工具对领导者和潜在领导者的个性潜能、社交潜能、专业潜能和领导潜能等进行测评，并根据评估结果，规划他们的职业发展目标，制定培养计划，安排不同的培训。

3. 注重培训工作，不断加强公务员能力建设

瑞士、瑞典政府十分重视公务员的培训学习，并把培训工作用章程的条例确定下来。公务员章程都明确规定：公务员有接受培训的权利和义务。同时，两国政府在实践中坚持认真落实，使培训工作走上了法制化、规范化的轨道，并形成了具有自身特色的公务员培训机制。

注重培训实效。一是注重培训需求调查。通过上下级谈话，上级可指出下属应该学习补充的知识，并建议下属选择相应的培训学习。同时，公务员也可以结合自身实际提出培训需求。二是注重培训互动和经验共享。公务员参加培训时要把自己工作中遇到的问题编成案例带到培训班上，与其他学员共同研讨解决，这种做法不仅增进了公务员参与培训的深度，而且形成了互动，共享了经验，取得了非常好的效果。

实行市场化方式。在瑞典，没有设立专门的公务员培训施教机构，没有供养专职的公务员培训师资队伍。培训师资主要来自两个方面，一是政府机构内部的资深公务员和业务骨干，一是通过市场购买邀请的高等院校等的专家学者。当政府自身设计的培训产品和服务不能满足需要时，就会花钱向社会直接购买专业培训服务。这种花钱买服务的方式，不仅降低了成本，而且有利于提高培训的专业化水平。

4. 加强保障监督，促进公务员队伍廉洁自律

瑞士、瑞典公务员滥用职权、以权谋私的现象极为少见。据介绍，瑞典的一位检察官从业 32 年，从未受理过一起官员腐败案件。这既与两国公民的道德水准普遍较高有关，也与政府部门的公开透明程度密不可分。两国公务员之所以能够自觉遵守执政纪律，普遍保持廉洁，严格的立法和一套完善而有效的监督体系发挥了重要作用。此外，瑞士和瑞典整个公务员队伍的廉洁自律，也与他们十分珍惜国家给予的高福利待遇分不开。

实行信息公开透明行政。“在瑞典，官员都是透明的水晶人。”早在 1766 年，瑞典议会就通过了一项法律，其中最主要的条款就是“公开所有非涉密的公共文件”，瑞典因此成为世界上第一个执行政务公开的国家。目前，在瑞典，政府或公共机构的书面公务资料、公函、财务报告等，只要不属于国家机密，都必须向公众和媒体开放。任何一个瑞典公民都有权查阅任何官员、企业高层管理人员，甚至王室成员的资产和纳税情况。为了限制政府对信息的自由裁量权，瑞典还专门制定了保密法，极为详细地列举了哪些信息属于国家机密，哪些信息可以公开，这就避免了相关部门以国家安全为由，有意隐瞒非涉密信息。

加强外部监督和约束。一是监察专员制度。监察专员是一种公共官员，由议会任命，任何公民都可以向这位官员写信，就公共部门带给他的麻烦提出意见。这样的制度设计将全民参与、他律与自律有机结合起来，形成有效的制约机制。二是建立明确的外在约束机制。近年来，瑞典经济社会发展发生了较大变化，社会对政府行政能力和水平提出了更高的要

求。例如，瑞典中小企业联合会通过对会员的广泛调查，提出了企业对政府服务的 8 项要求：(1) 能与政府进行便捷的直接联系；(2) 能与政府决策者进行直接沟通；(3) 提供廉洁的公共服务；(4) 严格执行法律法规；(5) 提供广泛全面的法规服务；(6) 无官僚主义；(7) 电子政务，在线服务；(8) 及时、低廉的服务。社会对政府服务的高要求，为政府和公务员自觉加强能力建设既形成了压力也提供了动力。

这一方面增进了政府与社会之间的信息流通，使政府更了解社会需求，为政府提供更有针对性的公共服务打下了基础；另一方面，也使政府公务员队伍的能力结构、知识结构不断得到更新和完善，更贴近社会发展潮流，防止故步自封、迟滞落后和官僚主义。

加拿大：三管齐下加强公共服务建设

加拿大注重通过法律制度建设，依靠法律制度规范权力运行，半个世纪以来，以建立公众对政府及公务员的信心和维护政府形象为目标，完善立法、健全制度、严格执行三管齐下，不断加强公共服务伦理规范建设，逐渐形成了一套富有特色务实高效的公共服务体系。

在立法上，抓住规范权力要害，制定多项法律规范。在对政府官员的管理和监督方面，加拿大有一整套内容具体、操作性强的法律法规，不仅在《加拿大刑法》中有体现，还有其他综合和单项的法律法规互相交叉和补充。如为切断权力与利益的纽带，制定了《利益冲突法》和《公职机关利益冲突和离职规则》，明确规定回避原则和公务人员廉政行为准则；为促进政府公开透明、防止滥用权力，制定了《信息公开法》，赋予公民广泛而自由地获取政府信息的权力；为鼓励公务员对政务官员和公务员违反公共服务伦理规范的行为以及其他不当行为进行举报，制定了《检举保护法》，规定了对检举人的安全保障措施；2003年实施的《公共服务伦理价值与规范》，提出了公共服务的民主、专业、道德和大众四个伦理价值观，用以指导和规范公务员的职业行为。

在制度上，注重规范政府官员行为，避免利益冲突。加拿大注重解决利益冲突问题，为减少公职人员私人利益与公共利益之间可能的冲突，制定了一批规范政府官员行为的制度。一是财产申报制度。公职人员在任命后60天之内，要将个人及其配偶和未成年子女的资产状况作出报告。在不得已情况下收到的礼品、接受的招待或其他利益必须报告，并作出公开声明。二是资产处理制度。对在审查中发现的构成实际或潜在利益冲突的资产，公职人员必须在任职后120天之内处理完毕，或以公平交易的办法卖掉资产，或委托其他信托人代为管理、经营。三是离职后行为限制制度。公务员在离职1到2年内，禁止到与其任职期间有工作关系或联系较密切的公司任职；在一定期限内，不准作为某公司的代表或代理与其原任职单位打交道，不准代表某国家对政府进行游说活动，不准利用原来掌握的内部信息谋取利益。

在执行上，设立专员制度，保证法律制度落实到位。加拿大不仅有比较完善的法律体系，而且每部法律基本上都明确专门的机构，负责对该法律制度的解释说明以及执行情况的监督检查，以保证法律制度能够落实到位。如联邦廉政专员办公室，负责受理公务员对政务官员和公务员违反公共服务伦理规范的行为以及其他不当行为的举报，并保护举报人不受打击报复；利益冲突专员办公室，根据《利益冲突法》等法律的要求，规范和纠正公务人员财产申报、离职后从业限制等方面的事项；政府采购监察专员办公室，主要对政府使用公共资金采购各种货物、服务以及建筑工程进行监督；游说登记专员，负责对各类游说行为进行监督，督促说客遵守道德行为准则。

加拿大是民主议会制的联邦国家，其公共服务伦理规范建设与本国的政治体制、行政管理制度以及文化传统密切相关，具有其鲜明的特点。如加拿大的联邦、省、市三级政府的公共服务伦理工作机构设置不尽相同，彼此独立开展工作，不存在上下级隶属关系。经选举产生的部长、省长（市长）、议员等政务官员与政府任命的公务员（副部长以下的官员）分属不同系统，监督机构各自独立，监督内容与监督方式也不完全相同。但其一些有益做法和经验给我们以启发和思考。

一是重视公务员培训教育。加拿大法律规定，政府和企业员工的培训费用在工资总额中比例不得低于3%。新录用的政府公务员、新提拔的政府高级官员和具有发展潜力的高级官员都要进行培训。联邦设有公共服务学院，各省、市都设有公共服务教育培训机构，主要负责对政务官员、公务员以及国有企业高层人员的教育培训工作。培训的一项重要内容即公共服务伦理规范，通过培训明确作为一名政府公务员应具备什么样的价值观，如何正确处理公私利益关系，以及怎样避免和解决利益冲突。此外，一些政府部门内部也开展了职业道德培训，不定期地请专家学者或政府部门人员讲课。

二是监督机构职责清晰，配合密切。加拿大的各监督机构分工精细，有明确的管辖范围、监督对象、处理程序和方法。彼此之间又相互监督制约，协调配合，形成监督工作的合力。一旦有侵害公共利益的事件发生，能够准确判断并及时移交给应受理部门，最终作出相应的处理，有效地避免了“政出多门”或“互相推诿”的现象。

三是注重政务公开和信息透明。加拿大建立信息公开系统，在互联网上公布部长以上政府官员财产申报中的有关情况、礼品登记以及说客的登记等情况，接受公众的监督。各专员办公室也都设有网站，任何人都可以从网站上查到这些部门的工作情况，以及他们监管的政府官员的财产、公务活动的有关信息。公众可以通过登录政府机构官方网站，查询政府官员职衔梯形图，公示公务员的上级官员的联系方式，很好地起到透明监督作用。

四是寓监督管理于提醒帮助中。加拿大监督机构侧重于通过解释法规或提醒帮助的方式加强监督管理，专员办公室负责随时提醒和帮助被监督对象，使其行为活动符合法律制度的规定。部门负责人也可以主动向专员办公室咨询法律政策，或就某一具体问题寻求解决方案。只有问题确实特别严重或被监督对象拒绝改正错误时，才会启动严厉的调查程序或移交司法程序。

五是注重法律制度的实效和执行力。加拿大的法律法规一般针对某一具体事项作出具体规定，具有较强的针对性和可操作性；注重对法律的解释和说明，增强了法律的说服力和执行力；当不当行为发生之后，能够及时分析原因，研究制定对策，使相关法律规定不断完善；设有专门机构，负责有关法律规定落实情况的监督检查，这些机构具有极大的独立性和权威性，保证了法律的贯彻落实。

现实样板

牛玉儒：勤政为民，鞠躬尽瘁

1. 日志里的工作日程安排

如杲你身为市长、升任市委书记，你会怎么安排自己的工作呢？

或许有的市长会象征性的走访民众，在悠闲中度过几年工作时光。而有的市委书记也可能开开“假大空”的会议，作秀似地参观一下市里重点企业。而牛玉儒却不是这样度过的。

翻开牛玉儒的工作日志，可以很清楚地看到，牛玉儒到呼市工作仅仅493天，除去住院治病的三个月，200余天他都在外出差。与家人待在一起的时间，少之又少。

2004 年 3 月，他率队外出招商引资，5 天内跑了 5 个城市，从南到北行程万余公里：20 日上午，从呼市出发，转机北京，到达成都。午饭后与企业负责人洽谈投资项目；21 日上午，飞往深圳，转车前往珠海。下午与有关企业会谈，晚饭后又返回深圳；22 日上午，在深圳与有关部门会谈。参观、考察企业，午饭后转机北京到银川。晚上 10 点考察银川的亮化工程；23 日上午，参观考察银川城市建设，与银川市领导座谈，午饭后乘车前往乌海市考察，连夜乘火车返呼市；24 日上午，向市委汇报这次出行的收获……

他把日程安排的如此紧迫，似乎是在和时间争、和工作争。他究竟争的是什么？

或许牛玉儒的这句话能够告诉我们答案："执政为民不是一句空话，我们抓经济建设、抓城市建设，最终目的就是为了提高老百姓的生活水平，让他们享受到经济建设的成果……"

2. 百姓安居，他才能安心

对于牛玉儒来讲，"百姓为大"。只要是对百姓好的事情，他都会尽力做好。

1996 年底，在自治区政府做秘书长的牛玉儒被调到包头市担任市长。

包头，这个国家"一五"期间建设的老工业基地，正在经历两场"剧痛"——1995 年 5 月 3 日 6.4 级的地震造成的破坏和国企发展滞后带来的下岗就业重压。

牛玉儒可谓是临危受命。

一经到任，牛玉儒来不及休息，便开始了一连数日冒寒深入厂矿、城区进行调研，揭开了包头城市建设和国企改革的序幕。他如果躲在温暖的办公室，恐怕也不会有谁说什么。然而，他知道，只有百姓安居，他才能安心。

为了能够让地震受灾严重地区，重建家园、恢复生产，牛玉儒决定改造包头旧城。

当时，曹家营和赵家营这两座都市里的村庄，横亘在包头市中心，不仅村民们故土难离，改造中会损失2700个商业网点带来的不小收益，面对巨大的矛盾和压力，牛玉儒没有退却。

面对上访群众，牛玉儒承诺一定要让他们得到妥善安置，政府一定会给全市各族人民一个满意的交代。

三个月时间，牛玉儒就解决了包头市三十多年未能解决的旧城改造问题。随后5年的时间，牛玉儒率领包头市政府一班人，完成了包头市1400多万平方米的危房改造工作，切实解决了人民群众的安居问题。

3. 职工下岗，他竟流泪

在牛玉儒任包头市长期间，国企职工下岗、企业改造问题尤为显著。当时，包头市的下岗职工竟然占到了整个内蒙古自治区的一半。这种局势，对于刚刚上任不久的牛玉儒来讲，可谓是很艰难的。

面对这些社会问题，牛玉儒承诺：力争三年使包头的大中型企业脱困，找23家大中企业作为突破口，对包头市1.2万户中小企业改组改造，抓好经济建设的政府工作目标。

这个目标要真想实现，却并非易事。

包头精胶厂，由于建厂时间早，产品结构不合理等原因，导致企业缺乏竞争力，濒临破产，上千名职工面临下岗困境。看到如此情景，这位蒙古汉子竟然落泪了。

为了避免职工下岗，失去了基本的生活保证，牛玉儒决定："让能够救活企业的人去收购精胶厂。"

面对这条建议，有人反对，有人赞成，可是牛玉儒果断拍板，让东宝集团收购了企业。

现如今，重组后的东宝明胶公司已经发展成为包头市一个利税大户，也成为中国明胶行业的骨干企业。

4. 抗击“非典”，他从不缺席

中国人都不会忘记那场与“非典”抗争的日子，在那段日子，人人都躲在家中，医院和外界成了人们心目中的“雷区”。

可是，刚到任5天的呼和浩特市委书记牛玉儒，却不断出入各大医院，慰问白衣战士。他多次深入到社区、农村、学校，实地掌握防治“非典”的第一手材料。

为了能够更方便处理工作，牛玉儒住进了办公室，他让工作人员买来了矿泉水、方便面和咸菜，办公室就成了抗击“非典”的“大后方”。

在抗击“非典”的40多个日日夜夜里，牛玉儒没回过一次家，即便路过家门，也从未踏进家门。他经常是一天只睡两三个小时，有时靠安眠药才能入睡。

“非典”期间，呼市一度出现抢购商品、哄抬物价的现象。牛玉儒心想，不能让百姓的基本生活物资没有了保障，于是便派人到呼市的各大超市摸底调查粮油等生活必需品的库存情况。当他了解到全市大部分商店内的粮、油几乎被抢购一空时，一向雷厉风行的牛玉儒，当即决策，政府出资稳定局势。仅用了一天的时间，就把全市粮油价格降了下来，这大大稳定了民心。

“非典”被击退了，牛玉儒终于松了一口气，40多个昼夜的工作，让这个蒙古汉子整整瘦了6斤。

5. “我是市民的勤务员”

劳累过度的牛玉儒，终于扛不住时间的重压，在2004年便查出来患了绝症。可是即便如此，他仍然强忍病痛处理着呼市的工作。

6月16日，他专程从北京医院赶回呼市参加汉鼎光电（内蒙古）有限公司开工奠基仪式，牛玉儒说：“一定要让汉鼎光电在呼市落地、生根、萌芽、茁壮……”

无论在包头工作期间还是调任呼市就职，牛玉儒常说：“我不是市民的‘家长’，我是市民的勤务员，只有摆正自己的位置，才能更好地为人民服务。”

牛玉儒将自己看作是为人民服务，故此，他才能够做到想人民所想，解决群众所需。

为了更好地了解群众生活，在包头工作期间，他就督促开通了一条为百姓服务的“12345”政府热线。家住东河区西阁外12楼的杨继先老人就是政府热线的第一位受益者。

当时，因噪音污染不得安宁的杨继先老人试着拨通了电话，没想到，一天时间不到，噪音问题就解决了。

6. 干部典范：“干净”做事，不偏不倚

牛玉儒从乡党委书记到包头市长，后来又调任呼和浩特市委书记，手中的权力越来越大，职位越来越高，可他却从没用自己手中的权力为自己办一点私事、寻一点利益。他每次出差，都不讲究吃住条件，能省则省。亲朋好友求他办事，他也是能推就推，在亲人眼里，他是“无情”的，可在群众眼里，他是正直的。

没有骨气、正气，干起事来就没刚气。“干净”干事是牛玉儒的工作准则，也是他选用干部的一个重要标准。牛玉儒一直不忘老父亲给自己写的那封信，信中说道：“我从不担心你会犯什么错误，就担心你能不能永远地去为人民服务，做一个堂堂正正的好官……”

时至今日，在群众的眼里，牛玉儒是个好官；在上下级眼里，牛玉儒更是个清官；在亲朋眼里，牛玉儒是个不怕吃苦的官员。

2004年8月14日，这对于呼市来讲，是悲痛的日子，对于群众来讲，是一个黑暗的日子。在这一天，他们的“勤务兵”牛玉儒因病医治无效，于北京逝世，享年仅52岁。

中央纪委、中组部、中宣部、中央保持共产党员先进性教育领导小组下发《关于开展向牛玉儒同志学习活动的决定》，牛玉儒也被评选为2004年“感动中国”十大人物之一。

如果你说牛玉儒是要工作不要命的，那么你不妨问问自己为了百姓和群众，你舍不舍得自己的性命？如果你说牛玉儒是“傻”官，那么你不妨问问自己敢不敢也“傻”一次？呼市的百姓说：“做官就要像牛玉儒一样。”那么，现今仍然身居官位的你，能不能像牛玉儒一样勤政为民？牛玉儒不仅是干部楷模，也是时代典型，身在官位的你不妨多看看他的事迹，对比对比自己的所作所为。

杨善洲：吃苦 20 多个春秋，只为造林利民

1. 生命不终，服务不止

有这样一位老人，他，从事革命工作将近 40 年，曾担任保山地委领导近 20 载，在其退休后，他放弃安度晚年的日子，却选择回到家乡，义务植树造林，艰苦创业，而这一干就是 22 年。他就是杨善洲。

1988 年 6 月，杨善洲从保山地委书记岗位上退休，有人说：“杨老，您可以在省城生活，安度晚年。”有人说：“杨老，您可以在家照顾儿孙。”

可是，杨善洲却不这么想，他还记得自己当年的承诺——“帮家乡办点实事”和“只要生命不结束，服务人民不停止”。

既然答应了家乡父老，就要做到。于是，他回到了家乡施甸县，开始义务植树造林。

从此，在大亮山上，时常会出现一位老人的身影，那个身影瘦弱但有精神，那个身影渺小而又伟大。

杨善洲把建林场与造福群众结合起来，不仅每年无偿为村民提供林柴，还为 6 个自然村修通了公路，方便群众出行。不仅如此，他还为 8 个自然村架通了生产生活用电，帮助当地群众脱贫致富。

爱因斯坦曾经说过："人只有献身于社会，才能找出那短暂而有风险的生命的意义。"而杨善洲正是用自己无偿的付出展现出了一名共产党员的人生价值。

2. 田间地头的"粮书记"

从担任县领导到地委书记期间，杨善洲从 20 多岁起就把自己的根牢牢扎在群众之中。

他从来没有官架子，也从来不像有些官员那样天天坐在办公室。在一年里大部分时间，杨善洲都在乡下跑，有人说："机关单位找不到他，要找他要去田间地头。"

在保山一共有 5 个县，99 个乡，而每一个乡都留下了杨善洲的脚印。龙陵县木城乡不通公路，也是最远的一个乡。杨善洲上任不久，为了了解每一个乡里的具体情况，便徒步 4 天进入了木城乡。当他得知群众温饱问题还没解决后，他便亲自试验"三岔九垄"插秧法。直到现在，保山当地群众插秧还沿用这个方法。不仅如此，杨善洲还推动了"坡地改梯田"、"改条田"、改籼稻为粳稻等各种试验田。

1978 年至 1981 年，保山的水稻单产都在全省排名第一，1980 年，全国农业会议在保山召开，保山获得"滇西粮仓"的美誉，而杨善洲则被人们称作"粮书记"。

百姓实现了创收，喜在心里，他们感激这位田间地头的"粮书记"。

3. 为人民办事，自找苦吃

干部退休，往往都可以享受闲暇的生活了，而这位老人却不这么想。

1988 年 6 月，杨善洲从云南省保山地委书记的位置上退了下来，云南省按政策为杨善洲在昆明安排了住处，然而杨善洲还有一个心病未了，他怎可能安心在市里享受？

在杨善洲任职地委书记时，老家的相亲再三找到杨善洲，希望他能够给老家做点建设。而杨善洲说："你们不用找我，我现在有很多事要做，等我退休以后我回来再为你们做几件事。”

这一句承诺，杨善洲从来没有忘记，在他的家乡施甸县姚关镇，原本有一个满山大树的大亮山，可是由于长期的乱砍滥伐，大亮山生态遭到严重破坏，水土流失严重，周边十几个村寨陷入了一人种一亩、三亩吃不饱的境地。

杨善洲承诺要让生态恶劣的大亮山彻底变成山清水秀的林场。于是，他回到了山沟沟里。

随后，他组建了国营大亮山林场，与工人们一起背起行李铁锅，一下子钻进了荒草丛生的大亮山，住进了大山深处的黄泥沟。

杨善洲回来造林？很多人不理解，因此也产生了很多谣言。

杨善洲：“有些人说我老了还这么苦、这么累，肯定是在里面有股份。将来有几千万收入我可能有几百万。这样讲是他们误解了。我从来不是为了钱。如果为了钱，我就不用来这么苦。我说我是为人民办事、自找苦吃！”

4.22 **载艰辛，8 万亩绿荫**

杨善洲扎进了山沟沟，而这一扎便是 22 个春秋。在这 20 余年里，他让 8 万亩昔日山秃水枯的大亮山重披绿装，活立木蓄积量经济价值超过了 3 亿元。

8 万亩林场，这是一个多大的概念？不仅如此，杨善洲组织群众发展水果 300 多亩，茶园 700 余亩，保护水源 316 处。当地群众的粮食亩产也从原来的 100 公斤提高到 410 公斤。

杨善洲为了能够减少培育树苗的开支，便和百姓一起去街上捡果核，然后拿回来育苗木。常年在山上居住，难免会遇上大风大雨天气，做饭的炊具被大风吹走是常有的事情。曾经一起和杨善洲在大亮山上造林的自学洪回忆道：“我亲耳听到夜深人静的夜晚，从老书记的油毛毡棚里传来的阵阵咳嗽声。”

艰苦的环境并未击垮杨善洲。可喜的是，杨善洲的努力并没有白费，眼看树一天天长高，山泉水充沛了，百姓家置办上了电视，购置摩托、农用车，建起了新房……

不仅如此，大亮山的生态修复，使一些濒临灭绝的动植物得到保护。现如今呈现在世人眼前的是一幅人与自然和谐相处，其乐无穷的美丽画卷……

2009 年 4 月，82 岁的杨善洲将大亮山林场经营管理权无偿移交给国家，并且谢绝当地政府的奖励。这一举动，又让世人震撼了。

5. 大亮山上不倒的“雪松”

大亮山位于云南省保山施甸县县城东南约 50 公里，海拔在 1900 米—2982 米之间，平均海拔达到了 2600 多米。

现如今每年 7 月，正值仲夏节气，总能看到山下荷浪田田，荷花绽放，荷叶上滚动着水珠。蛙叫声、鸟鸣声，可谓是一派热闹景象……

而在 20 多年前，大亮山可谓是“秃顶山”。山上泥土裸露，风起尘土飞扬，偶尔点点绿色还是杂草，太阳升起，便如烤炉……

是杨善洲让这个“秃顶山”披上了绿装，是他经过 20 多年的努力，让人们再次享受到了绿树环绕的日子。

在所有的树种里，杨老书记独爱雪松。20 年前他曾立下遗嘱，自己死后不土葬，而是要将骨灰撒到清平洞前的雪松树下。他常对林场的职工说：“等你们想我了，就到雪松树下坐坐吧!”

这就是被人戏称为“施甸第一大富”的老人最大的、唯一的心愿。

2010 年 10 月 10 日，这位坚毅的老人，因病逝世，享年 83 岁。按照他的遗嘱，他的骨灰被撒在了雪松树下。而世人都能够看到雪松屹立在了大亮山上，永不倒下。

6. 干部楷模：两袖清风，务实为民

究竟是什么原因让杨善洲能够 20 年如一日的扎根山里?

答案就是那句话：为百姓做点实事。

在地委书记任职期间，杨善洲常年住在办公室旁的一间10多平方米的小屋里，从不占公家一点便宜。他下乡考察，除了司机和秘书，其他人一个不带，他的“坐骑”永远是一辆212吉普。碰上饭点，老百姓吃什么，他就吃什么，吃完结账，绝无例外。走到哪里，看到困难的人家缺衣少被，遇上哪个群众买种子、买牲口少钱，杨善洲总是从自己兜里往外掏钱。有人劝他不必，他却说：“我是这里的书记，老百姓有困难，我能看着不管吗？”

2009年底，保山市委、市政府为82岁的杨善洲颁发特别贡献奖，奖金为20万。一向不要公家钱的杨善洲，这次决定接受这笔奖金。拿来20万元，他将这笔钱分成了四份：10万元捐给了保山一中，用于救助贫困学生；3万元捐给林场建一个护林哨所；3万元捐给当地政府给老年人建一个洗澡池；剩下的4万元留给跟自己吃了一辈子苦的妻子，这是他第一次也是唯一一次为家里留钱。

有位年轻的记者，曾经问杨善洲：“您种的树，还有10多年才能成材，那个时候您已经90多岁了，您怎么享受啊？”

杨善洲一听十分不高兴，他理直气壮地说：“别人享受了嘛！本来就是给别人享受，不是我享受，我那个时候已经到火化场去了，咋个会得享受！”

这是怎样的心胸和轻快，这是怎样的高风亮节。

杨善洲同志的先进事迹震撼世人。胡锦涛总书记曾作出重要指示：“杨善洲同志是党员干部的学习楷模，是离退休老同志的优秀代表。他一辈子忠于党的事业，一辈子全心全意为群众谋利益。他的模范事迹和崇高精神感人至深。每一个党员干部特别是领导干部都要向他学习，自觉加强党性修养，自觉实践党的宗旨，努力做人民满意的好党员、好干部。”

杨善洲获得全国绿化奖章、首届中华环境奖提名奖，荣获全国绿化十大标兵、全国环境保护杰出贡献者、全国优秀共产党员等荣誉称号。2012年2月3日，在第十届感动中国年度人物评选中荣获2011感动中国十大人物称号。

杨善洲种下的是树，生长的却是一个共产党员的节操，是一种真心实意为百姓做实事的精神，是一种勤劳奉献的伟大品质。同样作为党员干部的你，是否有勇气放弃安逸的生活，真真正正为百姓做点事情？是否能够真正了解民意，勤勤恳恳的让百姓快乐和富足？杨善洲是时代的典型，更是干部的典范，你不妨以其为榜样，为百姓多做几件事情。

知行合一

学习资源推荐

1. 纪录片《百年潮·中国梦》，中央电视台
2. 纪录片《邓小平九二南巡始末》，凤凰卫视
3. 纪录片《先锋本色》，中央电视台
4. 《关键在于落实》，刘玉瑛著，新华出版社
5. 《杨善洲的100个故事》，李自良编著，新华出版社

我要行动

请思考研讨如下问题，结合实践写出自己的学习体会和行动计划。

* 如何理解“勤政廉政则政通人和，亲民爱民则民康物阜”。
* 解读“勤政务实就是高站位虑事、高水平谋事、高效率办事”。
* 结合实践分析：检视自身工作中的形式主义。

❹ 敢于担当

＊＊＊ 敢于担当箴言 ＊＊＊

◆一个人越敢于担当大任，他的意气就越风发。——班斯腾·班生

◆人生须知负责任的苦处，才能知道尽责任的乐趣。——梁启超

◆鞠躬尽瘁，死而后已。——诸葛亮

◆社会犹如一条船，每个人都要有掌舵的准备。——易卜生

◆每一个人都应该有这样的信心：人所能负的责任，我必能负；人所不能负的责任，我亦能负。如此，你才能磨炼自己，求得更高的知识而进入更高的境界。——林肯

标准解读

敢于担当是党员干部的优秀品质

一、党员干部无担当便是失职

胡锦涛总书记在党的十八大报告中强调：全党必须牢记，只有植根人民、造福人民，党才能始终立于不败之地；只有居安思危、勇于进取，党才能始终走在时代前列。身为党员干部，不仅是社会建设发展的领导者，还是社会发展的推动者，敢于担当是党员干部的职责所在，也是立身之本。

敢于担当是一种富有责任心的表现，如果作为领导干部不能大胆工作重任，不能够为人民的利益付出辛苦，不能克服艰难困苦迎接挑战，不能牺牲个人利益，为人民群众谋福利，那么就不可能做到权为民所用，就不可能成为人民群众心目中的合格党员干部，更不可能为社会的发展作出自己的一份奉献。

身为党员干部，做不到敢于担当，就是失职的表现，就不配做社会的引领者和推动者。一个没有责任心的干部，做事情势必会违背人民的意愿，辜负组织的信任、委任和期待。在实际工作中，有些党员干部遇事便推卸责任，不敢承担任何一点风险，不敢触及矛盾，更不敢较真碰硬，做事情能回避则回避，能逃避则逃避，能转移就转移。稍有复杂的矛盾就开始“推皮球”，你将责任推给我，我将责任推给你，即不敢担当也不知所措，这样不但会贻误处理矛盾的最佳时机，更严重者还会使得矛盾复杂化、尖锐化，有的时候本来是一件小事，却能发展成大的矛盾，激起百姓的不满，群众的正当利益得不到满足，最终则会影响和伤害党员干部在人民群众心目中的形象。

身为党员干部，如果不敢直面矛盾和挑战，不敢迎难而上承担责任，那么就是一种不负责的表现，是一种可耻的表现。因此，党员干部需要加强自身知识理论的学习和道德品质修养。通过学习来扩展自我视野，做到大公无私，为人民服务。

目前，我们国家处在复杂多变的国际形势中，不仅面临着国内改革发展的任务，同时也要参与世界的竞争和挑战，因此，在这种复杂的局势中，党员干部就更应该能够肩负重任，确保我们党在发展中国特色社会主义历史进程中，始终成为坚强领导核心，保证人民群众的利益能够充分实现，困难能够尽快解决。敢于担当的党员干部才能走到人民心坎儿中，也才能够得到人民群众的支持和信任。

二、党员干部作风建设：能担当、敢担当、善担当

敢担当、愿担当、善担当，是每一位党员干部想干事、能干事、干大事的必备素质。担当，说起来容易，可要真正做到却并不容易。只有在担当面前，克服懦弱勇往直前者才能担负起重任。

担当是块试金石，它能让党员干部在其面前认清自我，同时能够将党员干部的思想素质、道德品质、党性信仰真真切切的反映在人民群众面前。因此，在工作中，能否担当、敢不敢担当、善不善担当，就成为对党员干部的考验和测试。

党员干部面对工作要能担当，这就要求其具备强烈的责任感。对于党员干部来讲，这种责任感来自于为人民服务的职责。习近平同志在中共中央党校一次开学典礼上也指出："看一个领导干部，很重要的是看有没有责任感，有没有担当精神。"当然，对待工作能勇于担当的干部在遇到挫折后，也会尽自己最大的努力来克服挫折，做到迎难而上，绝对不会逃避责任与困难。

一名党员干部干事情能担当还不够，还需要敢担当。敢担当是一种精神，也是一种气魄。因为在社会发展过程中，势必会出现这样或者那样的问题和困境，面对困境，如果党员干部具备担当责任的能力，却不敢挺身而出，替百姓遮风挡雨，那么也不可能真正为百姓做好事、做实事。

当干部起到带头作用，挺身而出担当起责任和风险时，更要懂得善于担当的智慧。党员干部在干事之前，一定要思虑周全，想好办事的途径，找到解决问题的办法，这样才具有干成事、干大事的能力。与此同时，要学会总结以往的担当经验和教训，不断提高自身修养，提升决策、协调等各种能力，时时将责任和使命铭记于心，只有这样才能真正做到，无论是“居庙堂之高”，还是“处江湖之远”，都能做到运筹帷幄、事半功倍。

作为一名党员干部，有担当才能自觉的摒弃心中的杂念。不难发现，一些干部误入歧途、翻身落马究其根源则是缺乏担当、迷失方向所造成的。做不到担当责任的官员会允许个人利益占据上风，被金钱和权力蒙蔽双眼。担当是一种责任，是一种品质，更是一种情怀、一种信念，它能够集聚所有的正能量，让人生变得更加辉煌。广大党员干部要将担当植入骨髓中、透入血脉中，在工作中，不推不躲不扯皮，勇于担当，敢于担当，善于担当，这样才能得到人民的信任与爱，才能推动党和人民的事业不断向前。

古人云“凡为官者，公罪不可无，私罪不可有”。可见，要做到能担当、敢担当、善担当，就需要拥有宽广的胸怀，做到公私分明，同时，能够忍受委屈，立足群众利益，一切为人民着想。“敢于担当、会担当”的干部，才能够经得住各个方面的诱惑和考验，做到坚定自我，依靠群众，成就未来。

三、敢于担当的动力：“舍我其谁”的精神

几千年前，著名思想家孟子就有“如欲平治天下，当今之世，舍我其谁？”的壮言，他的这句话也激励了无数的英烈志士，与此同时，也谱写

了千万首亢音高歌，造就了中华文明。在当今社会中，作为一名合格的党员干部，更应该拥有“舍我其谁”的伟大精神，从变化的社会发展形势中，捕捉和把握发展机遇，担当起服务人民、社会发展的重任。

“舍我其谁”的精神核心便是一个人对社会和事业的高度责任感，而拥有这种责任感，才能成为一个敢于担当的人。

身为党员干部在服务群众、处理工作的过程中，要敢于做“出头鸟”，积极主动的承担起责任的重担，将其当作是对自我意志的磨炼和锻炼，走入基层，真切地了解百姓的困境与需求，踏踏实实地为群众办事情。

“舍我其谁”的精神，不是目中无人、傲慢成性，而是一种积极主动、敢于担当重担的进取精神，党员干部具备了这种精神才会真正将人民的艰辛、快乐看在眼里，也才能抵御各种诱惑，保持正确的人生观、价值观。

在实际工作中，有些同志为了避免承担责任，面对群众困难，总是推来推去，将自己的利益看得很重，这样的官员不可能担当起社会发展的重任，也不可能真正做到为人民服务。党员干部应该直面现实，清醒认识，需要拿出“沧海横流方显英雄本色”的气概，抢抓机遇，迎难而上。

邓小平同志曾说过：“没有一点闯的精神，没有一点‘冒’的精神，没有一股子气呀、劲呀，就走不出一条好路，走不出一条新路，就干不出新的事业。”这句话中的“一股子气”就是敢闯敢干，不怕困难的“舍我其谁”精神的体现。党员干部的“舍我其谁”精神是一种充满自信的表现，同时也是极富责任心的表现，拥有这种精神才能够确保在困难面前不退缩、不逃避，在责任面前不推脱、不回避，才能真正成为一个敢作敢当、勇于担当的党员干部。

顺境逆境看襟度，大事难事看担当

一、疾风知劲草，烈火炼真金

金缨曾在《格言联璧》中留下了不朽的哲理：“大事难事看担当，逆境顺境看襟度，临喜临怒看涵养，群行群止看识见。”这四“看”指的是在人生中的各个关卡，最能看出一个人的担当、胸怀、修养和境界。

在遇到大事难事时，主要看的是一个人能否站出来担当起完成大事、解决难事的重任。而敢于担当就要求人们能够主动出击、勇挑重担。作为党员干部，越是在危急关口和困难面前，就越应该充满斗志、勇于争先。只有在危难中，才能看出一个人的魄力与勇气，而困境和重担更是磨炼和锻炼一个人的大好时机。

人的行为就是事。俗话说“事在人为”，可见，有什么样的人就能有什么样的事，反言之，有什么样的事也会造就什么样的人。事有大小难易，这无可厚非。有些党员干部在遇到自己所不能解决或难以解决的事时，往往会选择逃避、推脱的办法，达到自保的目的。“天塌下来有高汉顶着”就成为一些党员干部推脱责任的主流思想，所以他们从来不会承担什么责任。

可是，如果人人都来采取这样的态度，那么还有谁肯承担重任、解决难题？所以，在大事难事到来时，肯挺身而出、担起重任的干部，才能够成为人民群众的精神支柱，也才能得到人民群众的信任和支持。

换言之，无论是在怎样的工作岗位中，势必都会面临这样那样的问题，出现一些棘手的难题也是在所难免的，此时，党员干部要将大事难事看作是进行自我磨炼的机会，如果能够通过这次磨炼来提高自己的执行力和综合素质，自然对自己以后的工作是有帮助的。如果因为各方面原因，自己未能成功解决难题，总结经验教训，也能够避免日后出现同样的难题。因此，党员干部换个角度去思考会发现，只有在熊熊烈火中才能够对自我素质进行提高。

"疾风知劲草，烈火炼真金"能够考察一个干部，在平日里，不要看党员干部怎么说、怎么做，而是要在大是大非面前，在危急关头，看其是怎样处理事情的。在关键时刻，才能真正体现出一个人的品德和信仰。故此，身为党员干部的我们，何不在大事难事面前，主动冲向最前方，勇敢担其重担，用自己的智慧和能力，帮助人民群众解除困境、摆脱困难，让处在焦急中的百姓看到希望，给处在危难中的人民带去希望。

二、做"难官"，不做"轻巧官"

身为党员干部，是否想过人民与国家需要的是怎样的官员？

李鸿忠同志曾经说过，"官难做，难做官，做难官"。"官难做，难做官"好理解，可什么才是"难官"？其实就是说为官之人，应该立足百姓与国家利益，只要是人民群众眼中的大事难事，都要当作是自己的大事难事，无论事情有多难多危险，都应该挺身而出，担当重任，成为真正意义上能够为人民群众办事情的人。这样的官员干部具有"大忠诚"，他们会忠于国家和人民，而不是忠于自己。

世上的官员干部有很多种，在党员干部的队伍中，不乏"聪明"官，他们干的是面子活，只要看上去过关、领导满意就行；注重的是说起来好听，看起来漂亮，根本不会注重实际效果。这样的党员干部做的是"聪明官"，认为这样做表明自己聪明。现实中也不乏"轻巧官"，"轻巧官"只会做几件"胸有成竹"的轻巧事，而不是百姓最期待的大事难事，对于人民群众的难事，他们能拖就拖、能躲就躲、能推就推。看似工作中一片平静，实际却遭到人民群众的唾弃。

我们的党需要的是敢为"难官"的领导干部，虽然比起那些聪明官、轻巧官，做难官难度大、风险大，但是却是真正敢于担当重任的人。可能在做难官的过程中，会出现办不太完美的事情，甚至会影响到自己的政绩，危及自己的仕途，然而这些并不应该是党员干部推脱责任、放弃担当的借口。

要成为一名合格的党员干部，就应该时刻站在百姓的立场，担当起人民和国家赋予的责任，做一个敢于“舍得声誉”，“不惜放弃”，真正把党的利益、国家的利益、人民的利益放在小我之上的人。

工作中，遇到困难和问题，总是需要解决的，逃脱和推脱是不可能解决矛盾的。党员干部应该意识到即便今天自己不能担当起责任、解决问题，那么明天还是需要自己去承担的。所谓“身其位，谋其政”，这是作为一名党员干部最为基本的修养。如果当官不敢做职责范围内的工作，那么，人民群众还要你这个官做什么？担当重任者，才能体现自我价值。而“重任”往往来于危难中，党员干部要懂得只有敢于面对困难、承担大事，才有可能成为百姓心中的“父母官”。

位卑未敢忘忧国的情怀

一、党员干部常怀忧国忧民之心

陆游在《病起书怀》中提到：“病骨支离纱帽宽，孤臣万里客江干。位卑未敢忘忧国，事定犹须待阖棺。天地神灵扶庙社，京华父老望和銮。出师一表通今古，夜半挑灯更细看。”而其中“位卑未敢忘忧国”的意思是自己地位低微，但是从没忘掉忧国忧民的责任。在新形势下，作为党员干部更是应该能够做到忧国忧民，如果身为人民公仆，不懂得为人民而忧虑、为国家而思考，那么何谈为民服务，何谈担当重任？

在每个时代，都会有新的问题产生。在当今社会形势下，党员干部需要将百姓事当作自己事，对待人民群众要有热情、有耐心，除此之外，更应该多为人民群众考虑，将群众利益放在第一位。而要实现人民的利益，党员干部就不可能处庙堂之高忘记群众疾苦，官员更应该做到“先天下之忧而忧，后天下之乐而乐”，少一些自我享乐，多一些忧国忧民之心。

众所周知，民心稳、国家才能稳，可见，党员干部要时刻将为人民思考问题，了解群众疾苦，把群众当成亲人一样对待，把群众的忧心事当作自己的事情处理，只有这样才能得到群众的拥护，社会发展就有了最有力的后勤保障。

忧国忧民，不仅是中华民族的传统美德，更是作为共产党人的思想境界。回顾历史，国土曾经面临山河破碎，民族面临危亡，正是有了党员干部的忧国忧民之心，国家才足以保全，敌人才被打败。而在进入全面建设小康社会、加快推进社会主义现代化的新的发展阶段，同样需要党员干部忧国忧民、居安思危的忧患意识。

常怀忧国忧民之心，说到底就是需要党员干部树立正确的世界观、人生观、价值观，通过提升自己的世界观、价值观，来提升自我素质和能力。党员干部不妨经常问问自己：“参加革命是为什么？现在当官应该做些什么？”想清楚自己为官的目的究竟是什么，这样有助于树立忧国忧民的情怀。

拥有忧国忧民的情怀，其实也是一种敢于担当的表现，只有对国家和人民利益的思虑，才能够找到解决问题和矛盾的最佳办法，从真正意义上担当起民族发展、人民幸福的重任。一个敢于思虑国家人民安慰的官员，才有可能成为敢于担当之人。

二、忧思国运，更要落实行动

再美好的愿望，如若不付出行动，也不可能实现；再美丽的日出，不攀登山顶，也无法感受其壮美；再名贵的花朵，不经过精心培种，也不可能绽放。好蓝图、好规划，不去抓落实，最终只能是空中楼阁、海市蜃景。

对于党员干部来讲，忧国忧民固然重要，可忧虑之后，又该如何？如果不能够将思想转化为行动，那么也是不负责的表现。北宋大家范仲淹，一生经受几次升降，可无论是其身居宰相，还是戍守边关，都尽心竭力、鞠躬尽瘁。可见，官位无高低，为国忧思、为国务实才是正道。

作为一名普通的党员干部，不要认为自己官位下，没有义务为民为国思虑，要记住“天下兴亡，匹夫有责”的道理。同时，思虑过后，更应该用实际行动实现思想，完成任务。党员干部不妨将自己的岗位作为为国奉献、为民服务的平台，安下心、埋住头，立足岗位，坚持将自己的工作做实、做细、做强，将工作中的问题放在心里，立足群众思想，找到最好的解决方法。

一个只想不做的人，永远不可能实现自己的人生价值。党员干部不能天天喊口号，更重要的是将口号转化为动力，从而真正担当起重任，实现为国为民的举动。

党员干部是党的事业的骨干力量，好干部是取得事业成功的基本保证。如果在工作中，党员干部只敢想、不敢做，只敢喊口号、不敢真行动，那么工作就失去了动力，事业就没有支撑，发展就没有前景。

怎样才能让思想转化为行动呢？无私无畏是抓落实的关键，如果一个领导干部在将思想落实到行动中，总是前怕狼后怕虎，这也怕，那也怕，畏首畏尾，是无论如何也抓不好落实的、谈不上担当的。一个敢于担当的领导干部，在抓落实的过程中，敢于碰硬、迎难而上，同时也会做到因地制宜和理念创新。他们不会斤斤计较个人得失，更不会害怕损害个人利益。怕麻烦不抓事的干部，最终不但无法将忧国忧民转化为行动，还会误了事，引来领导批评，群众不满，结果则是更加麻烦。

对于领导干部来讲，要想真正做到担当，真正将利民的思想转化为行动，就不要害怕碰钉子者，无论过程怎样，只要结果有利于国家、有利于百姓，那就是正确的。更不要害怕会得罪人，为了讨好少数，而得罪了百姓，这样的做法也是不可取的。

党员干部需要具备忧患意识，而这仅仅是停留在意识的层面，要将意识转化为现实，则更需要领导干部能够无所畏惧、勇敢付出。只有这样才能够扫当起利国利民的大任。

临危不惧：困难面前挺身而出

一、党员干部优良品格：苟利社稷，生死以之

古人云："人固有一死，或重于泰山，或轻于鸿毛。"可见，人之生死，有其轻重。身为党员干部，自身的生死已交付人民和国家，优秀的党员干部会将为人民与国家尽职尽责当作自己生命的意义，而有些官员，则一心为自我人生的富有、舒服而在官场"左右逢源"。

在不同的时期，社会发展中必然会出现不同的问题和矛盾，而危险与困难都是必然存在的，不可能是一帆风顺的，面对此等情景，党员干部究竟要如何对待呢？有的干部选择挺身而出，第一个冲到困难和危险前面，用自己的智慧和勇敢尽力与挫折进行搏斗，他们将人民群众推到自己的身后，自己全身抵挡住危险的入侵。这样的官员惧怕困难、不害怕危险，他们心里装的只有人民的安危、国之安危。有些官员则站到人民身后，举起手中的喇叭不停地喊道："百姓们，向前冲！"而自己却将人民的身躯当作保护自己的羽翼，躲藏在人民身后，吓得全身颤抖。这样的官员心里放的只有自我的安危，不顾国家和人民的安危。

在危难间，不畏艰险、挺身而出是党员干部必备的优良品格，也是实现担当重任的必备条件。可想而知，如果党员干部不能在危难时，充满勇气与信心，站在最前方为人民群众做表率，那么怎么可能领导人民一起与危险抗争、一起与困境抗争？

面对灾难困境，有的官员说："我的生命属于我自己。"而有的官员却用实际行动表明了"我的生命属于国家和人民"。

2008 年 5 月汶川发生地震，银杏乡沙坪关村距离真正映秀镇仅有 14

公里，面对这次地震整个寨子瞬间夷为平地，作为村党支部书记的龙德强，来不及掩埋自己亲手带大的侄子的尸体，跌跌撞撞地跑向了村里。

当他得知自己妻子和兄嫂都已经遇难时，他“扑通”一声跪倒在妻子遇难的地方：“老婆，对不起，我要去照顾乡亲们了。”站起擦干眼泪喊道：“是共产党员的，给我站出来，都跟我来！”

在龙德强的带领下，全村幸存者得到了妥善转移。龙德强在冒着被飞落的石块砸伤的情况，救出一个个村民，面对恐慌的村民，他用坚定的声音说道：“只要有一个村民在，我龙德强就不会离开大家！”

这是一个最基层干部的举动，在灾难面前，他不顾自己生命安危，想到的却是全村的百姓；他顾不上为亲人难过，心里装的全是村民。危难间，党员干部就应该作出这样的举动，这才是一名敢于担当、不畏生死的党员应该拥有的举动。

二、党员干部要做群众的精神支柱

中国共产党是中国工人阶级的先锋队，是中国人民和中华民族的先锋队。什么是先锋队？所谓“先锋”，就是先进、先行、走在最前列的意思。所以，先进性是对党的性质的基本要求。身为党组织的成员之一，我们更应该在自身素质、思想觉悟、政治行为等方面具备先进性，始终走在最前列，充分发挥先导、先锋、模范和榜样的作用。那么，党员干部究竟走在谁的前列？怎么样体现出党员干部的先进性？

作为党员干部，就应该走在人民的最前列，带领人民群众进行改革、建设，而干部的带头模范作用也正是此意。同时，作为党员干部要想体现出先进性，就需要通过实际行动来成为群众的精神支柱、力量之源。尤其是在人民处在危难时，党员干部要在第一时间站在人民的身边，让人民群众感受到党员干部带来的正能量，让人民群众心中变得坚强和有支撑。

在实际工作中，为何有的党员干部能够得到人民群众的爱戴，人民群众能够在发生事情的第一时间找到党员干部，这多半表明这些干部已经成了百姓的精神支柱，那他们究竟是怎样做到的呢？

心系百姓，搞好党群关系。作为党员干部要意识到只有时刻心系百姓，用真诚感动百姓，人民才会热爱你、尊重你。而要搞好党群关系，就要求党员干部能够尽心竭力地为百姓做实事、办难事。当人民群众心中的一件件难事被解决了，他们自然会尊重和信赖党员干部。

护百姓、爱人民。只有发自肺腑的爱，才能换来对方的爱。党员干部只有真心实意的爱自己的群众，群众也才会愿意将自己的困难告诉官员。同时，在危难时，人民群众可能出于内心的恐慌，不知所措，作为党员干部的我们就应该起到领导带头作用，带领人民群众摆脱危险、度过危难。比如，在自然灾害或者是重大安全事故现场，党员干部要能够表现出异常的冷静、清醒，争取在第一时间做出符合实际情况的科学决策，然后能够带领人民群众战胜困难。与此同时，党员干部要不怕牺牲，而不是采取逃跑、退缩、只顾自己不顾群众安危的行为。“共苦”换来的“同甘”，自然会让人民铭记于心。

当人民群众将党员干部放在心坎上时，他们会付出更多的关怀。因此，党员干部做到临危不惧，在困境中能够挡在最前面，带领人民群众冲出逆境，才会得到人民群众的爱戴，也会成为人民群众的精神支柱。

忠诚履责、尽心尽责、勇于担责

一、党员干部一不怕担责

担当，就是接受并负起责任，因此，担责成为敢于担当的突出体现。自古以来，我们的先人就不乏为民请命、勇于担当、敢于负责的精神，他们用行动尽心竭力地为国家、为民族、为苍生而担当、负责。无论是孟子的“穷则独善其身，达则兼济天下”，还是范仲淹的“先天下之忧而忧，后天下之乐而乐”；无论是林则徐的“苟利国家生死以，岂因祸福避趋之”，还是司马迁的“人固有一死，或重于泰山，或轻于鸿毛”无不体现了先贤们敢于担当的精神。在当今社会，身为党员干部，也应该效仿古贤，敢于舍身担责。

责任，通常指自己分内做的事情，自己的职责所在。每个岗位有每个岗位的职责所在，一个伟大的人不一定是履行了各行各业的职责，而是将自己本职工作做到了极致。作为党员干部，不仅有对家庭的责任、对朋友的责任，更要能够承担起对社会的责任。随着社会的发展，党员干部身上的责任也在发生着细微的变化。可是，无论身上责任如何变化，不变的是敢于承担责任、为民负责的心。

古人有云，“在其位、谋其政，司其职、负其责。”身为一名被党和人民赋予了一定职权的党员干部，就要做到为官从政、履职履责，这是职责所在，而职位越高，代表权力越大，同时也意味着肩负的责任越重。党员干部要履行责任，就需要日思身居何位，夜省应担之责。对待手中的大权，要敬之、畏之、用之、惜之，而对待肩负的责任，应明之、忠之、担之。只有如此，才能对得起人民群众对你的重托，才能不负组织的信任。

敢于担责、尽职尽责、忠诚履责是党员干部必备的基本素质，也是应有的为政为官之德。我们的事业之所以能够不断进步，离不开党员干部的尽责职守。只有党员干部带头干事，带领人民群众不断拼搏，我们的国家才能更加昌盛繁荣。但是，在党员干部队伍中，也有各别官员，不愿负责、不敢负责，敷衍塞责，遇到困难选择“绕道走”，碰到风险则是“缩头走”，这不仅有损党员干部形象，更会贻误一方发展。如若身为干部，不敢担责，则愧对于百姓赋予的权力，更愧对于组织的信任。

二、党员干部二不怕担险

在当今社会，经济下行压力较大，推进科学发展的任务可谓是更加艰巨繁重，在这个过程中，势必会遇到许多难以想象的困难，也会遇到很多从未遇到过的难题和风险。面对如此情况，党员干部更需要做到知责思为、敢于进取。

面对新的形势，势必会遇到一些风险性很高的问题，这些问题如果解决不好或者不能够达到好的效果，往往会造成很严重的后果，在实际工作中，面对风险性极高，但是不解决又不行的工作，有的干部选择逃避，有的干部选择扯皮，这样待之的后果，无疑是浪费时间和资源。

敢于担当与风险意识是紧密相连的。通过一则有趣的寓言故事可以说明这一点：

一个勇敢的渔夫在海上打鱼，不幸巨浪打翻了渔船，渔夫遇难了，儿子办完父亲的丧事继承了父业，他继续在海上打鱼。这时，一个“聪明人”提出了自己的疑问：“你父亲不是死在海上风浪中吗，你为什么还要继续到海上打鱼呢？”青年渔夫没有回答，而是反问道：“那么，你的父亲是死在哪儿呢？”“聪明人”回答说：“我的父亲是在家里床上过世的。”青年渔夫又说：“那你现在为什么还要在自家床上睡觉呢？这不是也很危险吗？”“聪明人”哑口无言。这则寓言告诉我们，在人生旅途中难免会遇到风险，只有敢冒风险，才能采撷到成功的果实。

身为党员干部，工作势必要面对风险，尤其是在急需创新的新形势下，每一项工作的完成都可能是以前从未经历过的，其中的挑战与风险也是从未遇到过的。此类工作，无经验可循、无规律可找，只能凭借党员干部的胆识和勇气，通过亲身经历来走出一条通往胜利彼岸的阳光大道。

任何事情的发生，都要其利弊两个方面。因此，党员干部不应该惧怕工作中风险性的问题，没有任何一项工作是不带有风险的。在遇到此类工作时，首先党员干部要摆正自己的心态，积极主动的担当起重担，拒绝逃避问题、拖延问题。再者，勇敢地面对核心问题，不要找借口推诿责任。在解决问题的过程中，一定要联系群众，听取人民群众的意见和建议，从而争取作出最为合理的决策。

“险”除了包含风险之外，还包含危险的意思。在工作中，党员干部难免会遇到有危险的事情，比如在自然灾害来临、重大事故现场等等，面对此类危险性极高的工作，党员干部究竟要如何处理？

2014 年 6 月份，江西省贵溪市白田乡发生水灾，导致 3 名小学生在吃完午饭返校途中意外落水，造成 1 人死亡 1 人失踪。面对如此情景，在救援现场却出现了如此一幕：一名中年干部害怕自己的鞋被水浸湿弄脏，让别人背起过河。而周围的人民群众都对这名官员投之以怀疑与批判的眼光。

身为一名党员干部，在危难时，考虑的不是人民的安全，竟然是自己的一双皮鞋。这有损党在人民群众心目中的形象，更有损党员干部为人民服务的宗旨。

在危难时，党员干部应该第一时间与人民群众站在一起，甚至要用自己的肩膀去托起百姓，而不是为了不让鞋进水，作出脑子进水的事情。因此，领导干部不仅要做到担责有为，守责善为，更要一如既往地恪尽职守、敢于担险，团结带领广大人民群众迎难而上、攻坚克难。

三、敢担当好干部必备品质：无私无畏、有勇有谋

提到“无私无畏”，想必大家就会问：无私，真的能做到吗？在现实生活中，很多党员干部都认为每个人都有私心，怎么可能会做到真正的无私呢？甚至有人还断言，大公无私的要求“超越时代”。这个说法貌似很有理，实则歪曲了无私的本来含义，混淆了大公无私的适用范围。的确不可否认，受到社会发展阶段的决定，现实中每个人都会有私心、私欲、私事。但是，承认人人有私，不等于为官者就不用做到大公无私了。大公无私指的是党员干部要在公共事务领域做到克己奉公，不能用手中的权力为自己谋取私利，影响公众利益和公平正义。在公共领域讲公，私人领域才可论私，不能把这两个不同领域的处事原则混为一谈，否则就是没有正确理解大公无私。

只有做到大公无私的党员干部才能做事情无所畏惧。可想而知，如果一个人时时存有私心，总是想要为自己多谋一些利益，势必夜夜担惊受怕，害怕自己的私心被别人看穿，害怕私利被人民发现，害怕被组织监督……私心私欲才会导致畏惧。而这许多的畏惧背后，则自然会不敢承担

自己的身上的责任，为了保全自己的私人利益，而放弃承担应该承担的责任，害怕去做危险的事情，这样的官员自然不能担当起服务人民的重担。在现实生活中，我们一些干部为了自己的私利而不敢承担责任和风险，最终成为了不作为、乱作为、不负责、乱找责的官员，这不但不利于人民百姓，更有损党员干部在人民心目中的形象。

敢于担当责任的官员往往充满勇气，勇气也成为党员干部不可或缺的品质之一。可是，在实际工作中，一些官员随着年龄、岗位的变化，会对自我现状感到满足，存在不求有功、但求无过的“太平官”思想，这样的官员总是将个人安全与得失放在首位，做事情总是前怕狼、后怕虎，不敢直面主要矛盾，这就是人们常说的“太平官”。“太平官”，多半在其位却不谋其政，只懂得享受权利，而不履行其职责。在工作中，不敢承担责任，没有勇气去与困境斗争、没有胆量与损害人民利益的恶势力进行反抗，最终出现领导萎靡不振、安于现状的情况，这种作风更谈不上承担责任和风险，树立党和政府在群众中的威信和形象了。

对于党员干部来讲，要做到敢于承担责任和风险，只具备勇气还远远不够，一个只有勇无谋的官员，做起事情就如同一头猛虎，做事情没有方向，只懂得乱闯乱撞，最终不但损害了一方安宁，也没有抓到猎物。谋略，不仅是一个党员干部的智慧所在，更是一方百姓的幸福所向。如果官员只知道去做事，不懂得如何做好事情，那么结果也往往是事倍功半，甚至还会损害到人民群众的利益，遭到人民群众的不满。可见，有勇有谋的官员，才能够在担当重则时，不仅拥有向前冲的气魄，还具有冲破难关的手段。

敢于担当就要求党员干部做到无私无畏、用勇有谋，缺一不可。那些表面看起来是不敢担当的干部，其实内心往往有私欲，私欲太重，自然惧怕担当危难。而那些如猛虎般乱闯乱干的党员干部，心中虽然想要造福一方，可没有目标和策略，也不可能实现服务百姓的目的。干部要担当，就需多面扩充自己的力量，不仅要心系百姓，更要懂得如何造福百姓、担当重任。

以史为鉴

魏征：直言进谏，勇于担当

1. 敢于承担责任

魏征（580年—643年），字玄成，凌烟阁二十四功臣之一，以直谏敢言著称，是中国史上最负盛名的谏臣。《旧唐书·魏征传》记载说：“以铜为镜，可以正衣冠；以史为镜，可以知兴替；以人为镜，可以明得失。”对于唐太宗李世民来说，魏征就是一面明镜。

玄武门事变之后，曾有人向李世民告发魏征，说他多次劝李建成先下手为强。为此，李世民召来魏征，问道：“你为什么离间我与太子？”

魏征当时官拜太子洗马，算是李建成的手下，因此，他为李建成出谋划策，也是他的职责所在。魏征是那种敢做敢当的人，哪怕被清算旧账，他也不愿推卸责任，于是他干脆回答说：“皇太子若从徵言，必无今日之祸。”

在这种情况下，魏征还敢说出如此大不敬的话，不得不说，他确实很有胆识。李世民对眼前这位有胆有识、敢言敢当的魏征，倒是颇为欣赏。因此，李世民非但没有追究魏征的责任，反而对他委以重任，将其外派出去，专门负责安抚太子李建成和齐王李元吉的旧部。

魏征到达磁州时，正好遇到一队押送犯人的官军，而被押送的嫌犯，恰恰是太子旧部，也就是魏征奉命去安抚的人。

在这种情况下，魏征若下令释放和安抚犯人，那么，他这个太子旧党，恐怕难逃包藏祸心、包庇乱党的嫌疑。但是，若他视而不见、置之不理，又有负圣上所托。

面对这种两难的抉择，一般人或许会有所顾虑，但是，魏征却毫不犹豫，因为对魏征来说，他的职责，不是避嫌，而是安抚。他不愿意为了明哲保身，就作出那种不负责任、没有担当的事情，所以，魏征直接下了赦免令。

在这件事情上，魏征甘冒被弹劾的危险，也要履行自己的职责，其果敢与担当，诚为可贵。也正因此，李世民得知此事后，非但没有因此心存芥蒂，反而更加欣赏和器重魏征。

2. 敢言直言不讳

魏征的担当，还表现在他的直言进谏上。据统计，魏征向唐太宗面陈谏议的次数，仅记载在《贞观政要》里面的就有五十次，而魏征呈送给唐太宗的奏疏和谏诤，甚至多达十余万言。其次数之多，言辞之激切，态度之坚定，莫说唐朝，便是在整个中国古代史上，也是非常少见的。

贞观十一年（637 年）的时候，魏征曾向唐太宗进谏了一份流传千古的奏章，名曰《谏太宗十思疏》，意在劝谏太宗居安思危，戒奢以俭，积其德义。时至今日，此文的话语，依旧在众口相传，如居安思危、择善而从、善始善终、戒奢以俭等等。

起初，唐太宗对这份奏章非常欣赏，甚至将其置于案头，以做警醒之用。但是，时间一长，太宗稍有懈怠，渐渐有骄奢倾向。魏征认为，当君主言行失当之时，臣子若不能直言不讳，便是失职。

因此，担心太宗不能克终俭约的魏征，在贞观十三年（639 年），又写了一份奏章，名曰《十渐不克终疏》，直言指出太宗在十个方面不如登基之初，希望他能改正缺点，继续保持贞观之初的优良作风。

面对魏征的第二封谏章，唐太宗颇觉羞愧，于是下令褒奖魏征，并命人将这封谏章书于屏风之上，立于卧榻之侧，从而时刻提醒自己。

3. 敢于犯颜进谏

魏征刚正不阿，遇事不喜敷衍，有时候向唐太宗进谏，他甚至不惜面折廷诤，丝毫不给唐太宗留面子，常常让唐太宗下不了台。最严重的一次，魏征冒死廷谏，直犯龙颜，以至于唐太宗下朝后还余怒未息，恨恨地说："会须杀此田舍翁。"

话中之意，似乎唐太宗被魏征"逼急"了，甚至都想砍了魏征的脑袋。当然，唐太宗并不是真的起了杀心，他只是愤愤不平而已。事实上，魏征的进谏，虽然偶尔会让唐太宗难堪，但是，唐太宗深知，魏征所言，句句肺腑，直指要害。面对这种敢言敢当、无畏无惧的忠臣诤友，唐太宗不仅不会杀他，反而还有点怕他。

据传，有一次唐太宗想要去秦岭山中打猎取乐，行装都已准备妥当，但却迟迟未能成行。魏征问及此事，唐太宗只能无奈地说道："实在是害怕你又要直言进谏，所以干脆打消了这个念头。"

还有一次，唐太宗得到了一只上好的鹞鹰，原本颇为得意，时常耍弄。但是，就在唐太宗玩得正欢的时候，魏征却说有要事启奏。事出突然，唐太宗只好将鹞鹰藏在怀中，想着魏征很快就会离开。

谁曾想，魏征却有意无意地拖延时间，几件不大不小的政事，愣是汇报了大半天。唐太宗虽然颇为着急，但又不好当面训斥魏征，只能耐着性子处理政务。等事情处理完，魏征施施然离开，而唐太宗怀中的鹞鹰，却早已被闷死。事后，唐太宗琢磨了半天，恍然大悟，原来魏征是刻意为之，目的就是想提醒自己，务必勤于政务、切勿玩物丧志。

贞观十七年（643 年），魏征重病不起，太宗感念魏征的劳苦功高，不仅钦赐无数药膳，而且还特命一位中郎将住在他家中，随时向太宗通报病情。当魏征病逝之时，唐太宗更是悲恸不已，不仅亲登苑西楼，望丧痛哭，而且还诏令百官为魏征送丧，并亲自为其撰写碑文，追赠他为司空，谥曰文贞，陪葬昭陵。

由此可见，唐太宗对魏征的恩宠与礼遇，在整个唐朝历史中，都很少有大臣能与之相比。可以说，魏征的敢言直谏，成就了唐太宗的明君美名，而唐太宗的容人之量，也成就了魏征的诤臣之誉。最终，魏征的直言进谏和敢于担当，不仅为他赢得了身前的富贵荣华，也为他赢得了身后的流芳千古。

林则徐：苟利国家生死以，岂因祸福避趋之

1. 不畏权贵，敢于担当

林则徐（1785 年－1850 年），字元抚，福建省福州人，中国近代史上，开眼看世界第一人，禁烟运动的民族英雄。他的一生，恰如他在虎门销烟前说的那句誓言一样："若鸦片一日不绝，本大人一日不回，誓与此事相始终，断无中止之理。"

清朝末年，鸦片大量输入中国，直接导致白银不断外流，严重地扰乱清王朝的货币流通，几乎令清朝的经济面临崩溃。更为严重的是，鸦片的泛滥极大地摧残了吸食者的身心健康，若不予制止，放任自流，中华民族恐将面临亡国之祸。

早在嘉庆十一年（1806 年），刚刚入仕的林则徐，便对鸦片走私的问题深恶痛绝。当时，林则徐担任厦门海防同知书记，专门负责处理商贩洋船来往、米粮兵饷的文书记录。

过去几任海防同知，多为贪官污吏，因收受外商贿赂，竟对鸦片走私的问题置之不理。林则徐上任之后，虽然有心打击鸦片，奈何他初涉官场，官卑权小，实在无力管控大局。

无奈之下，林则徐只能耐着性子在官场上摸爬滚打，积累资历和声望，以期日后能有所作为。期间，林则徐虽有升迁之期望，但他却绝不愿

随波逐流，更不愿意用阿谀奉承之姿态，去博取升迁晋升之路。

嘉庆二十五年（1820年），河南南岸河堤缺口，河南巡抚琦善治水不利，引发水灾。时任江南道监察御史的林则徐，丝毫没有因为琦善的满洲贵族背景而畏惧退缩，直接向嘉庆帝弹劾琦善的无能。此事虽然只是林则徐官宦生涯的一个小插曲，但是，其不畏权势、敢于担当的作风，也能从此窥斑见貌。

2. **立誓禁烟，勇担责任**

面对祸国殃民的鸦片，忧虑万分的林则徐，勇担责任、立志禁烟，态度异常坚决，决心异常坚定。早在林则徐担任江苏巡抚及湖广总督的时候，他便将其辖区内的烟贩及鸦片吸食者一扫而空。

林则徐在地方上取得了禁烟的成功，在一定程度上坚定了道光皇帝的禁烟决心。道光十八年（1838年），林则徐被委任为钦差大臣，全面负责禁烟事宜。第二年三月十日，林则徐到达广州，正式拉开了禁烟的序幕。

在此之前，林则徐已经派人前往广州，一边调查鸦片对广州的毒害情况，一边查找各家烟馆，收集烟贩与外商的资料。对情况了如指掌的林则徐，到达广州后不久，便直接向十三行洋商传讯，责令其转交谕帖，命外商烟贩限期缴烟，同时保证今后永不夹带鸦片入境。

林则徐的雷厉风行，表现了林则徐禁烟的急切心情。然而，开始的时候，外商烟贩却串通一气，拒绝上缴鸦片。烟贩的拒绝，没有打击到林则徐，反而愈加坚定了他禁烟的决心。

他知道，禁烟的任务，不仅仅是道光皇帝对他的信任和嘱托，更是朝廷、国家乃至民族的千斤重任。从他立誓禁烟那一刻开始，他就不会也不能退缩，必须担起这份责任。所以，林则徐决定采取强硬措施。

3月19日，林则徐下令，禁止外国人离开广州；3月21日，他又下令包围商馆；3月22日，下令查拿英国烟贩基地；3月28日，外商烟贩被迫同意缴出全部鸦片。

收缴鸦片的时候，林则徐不希望出现任何纰漏，所以，他召集邓廷桢等人密议，对收缴的地点、验收、押运、存储、看管、守卫等各个环节，都做了周密的部署。

4 月 10 日，林则徐、邓廷桢等亲赴虎门检查收缴前各项准备工作。第二天，收缴工作正式开始，林则徐亲临现场监督收缴。收缴工作整整进行了 34 天，其间，林则徐日夜操劳，一刻不敢懈怠，最终成功收缴鸦片将近两万箱，重达两百余万斤。

3. 虎门销烟，民族英雄

可以说，缴烟获得了完全的胜利，但是，对于如此之多的鸦片，如何处置却是一个非常棘手的问题。起初，外商认为林则徐会对鸦片实行专卖，毕竟这批鸦片的价值实在是太大了。

但是，林则徐的禁烟决心，以及他的民族责任感，却大大地出乎了所有外商预料。林则徐知道，如果这批鸦片流入中国，恐怕会有无数中国人家破人亡。所以，这批鸦片必须销毁。

1839 年 6 月 3 日，得到道光皇帝批准的林则徐，亲自下令在虎门将全部缴获的鸦片销毁，这就是震惊世界的虎门销烟。在林则徐的指挥下，虎门销烟共历时 23 天，共销毁鸦片 19187 箱和 2119 袋，总重量 2376254 斤。

虎门销烟向全世界宣告了中华民族决不屈服于侵略的决心，展示出了中华民族无与伦比的伟大形象。而林则徐作为这一事件的组织者、指挥者和完成者，毫无愧色地成为民族的英雄、历史的巨人。他敢于担当、敢于斗争的精神，必将永远激励后人。

域外经验

国外公务员职业道德建设的现状与发展趋势

国外公务员现代职业道德建设的现状和基本做法主要可以从四个方面来看：公务员职业道德建设法制化、制度化；设立公务员职业道德管理监督机构；对违背公务员职业道德行为的惩治措施；公务员职业道德文化建设。

一、国外公务员职业道德法制和制度建设

1. 立法明确。公务员职业道德，作为一种有效的自我内在约束机制，对加强公务员廉洁自律和提高行政效能具有不可替代的作用。当前各国加强公务员职业道德建设的一个重要措施和共同取向是实行公务员职业道德建设的法制化。大体包括以下几个方面：公务员必须忠于职守，忠于宪法，忠于国家；公务员必须廉洁奉公，不能以权谋私；履行职责，服从命令；公务员必须严守国家机密；树立公务员在公务内外的良好形象；对公务员违反职业道德的惩处等内容。从而对防止行政官员贪污受贿、营私舞弊等严重的道德败坏行为，保证政府机器的有效运转起到了重要作用。

2. 制度严明。国外在注重公务员职业道德法制建设的同时，非常重视公务员职业道德制度建设，不仅在公务员制度中加以明确，而且较充分地体现了法律保障机制。这些制度建设主要有以下几个方面：

（1）诚信制度

新加坡、丹麦等廉洁度高的国家，都十分重视对公务员的诚信记录和采取相应的措施。新加坡目前实行的公务员公积金制度，如公务员到正常离职或退休时未发生对宣誓承诺的失信行为，可获得一大笔可观的公积金；如果公务员在任职期间诚信行为上出现了问题，公积金就上缴国库。再如美国，政府官员如果伪造数据，将受到5000美元的罚款、拘禁两年半的惩罚。

(2) 回避制度。回避制是避免公务员腐败发生的一项重要制度，主要在于防止公共权力被亲属、家族所控制而发生违反职权原则的现象。例如，奥地利规定，有配偶关系、直系亲属或不超过两代的旁系亲属关系等公务员均不得安排其亲属在同一个部门工作。瑞士也有类似的规定。

二、公务员职业道德管理监督机构

制订公务员的道德规范并将其法制化、制度化还只是公务员职业道德行政伦理建设的一个环节，而最重要的是还要设立相应的管理与监督机构来保证公务员职业道德规范与各项规定的实施。法国的政府督察团。法国中央政府的各个部门一般设立督察团（署），它在督察长的领导下，协助政府部长在行政管理、财务会计及经济方面对公务员、部门和机构实施监督，集协助（促进）、监督和管理职能为一体。

瑞典是最早实行议会监察专员制度的国家之一。根据瑞典宪法，议会中设有监察专员公署，目的是监视法律法令的执行，限制和纠正政府工作人员违法舞弊的行为，完善行政管理制度和秩序，保障公民的合法权益。奥地利政府的各个部门都设有“纪律委员会”。总理府设高级纪律委员会，其主要任务是监督公务员履行职责和遵守纪律的情况。

香港（地区）廉政公署。著名的香港廉政公署无论从其机构设立、功能配置，抑或运作方式来看，都体现了执法、防贪、教育这三方面的方针，即在加强对贪污罪行的调查、检控与惩戒的同时，一方面研究如何使用一种高度专业化的防微杜渐方法来切实防贪堵漏，以减少贪污机会，另一方面通过社区关系开展廉政教育，策动市民支持肃贪倡廉，致力于培养市民的公民责任感和良好道德。

三、对违背公务员职业道德行为的惩治措施

对于公务员违反有关法律而贪污受贿、以权谋私的行为，在各国的公务员法中，都明确规定了惩戒措施，这也是公务员法中的重要内容。各国对公务员贪污贿赂行为惩罚尤为严厉，一般除了规定比较重的剥夺人身自由权利的刑罚外，同时还要在经济上给予严厉处罚，另外还要剥夺他担任公职的权利。就是犯有贪污贿赂罪的人，在一段时期内或永远不能从事公职，以此来惩治罪犯，起震慑作用。瑞士《联邦公务员法》规定：公务员不得兼营副业与工商业，否则必须辞职。法国的《政治家资金透明度法》规定：总统、议员、政府成员以及一些地方官员，在当选或任职以及任期届满或职务终止时，都必须向有关部门提交财产申报单，否则取消一年当选资格。新加坡现行的《反贪污法》对公职人员贪污贿赂行为规定了极为严厉和详细的惩罚措施，反贪污调查局执法也非常严格。如：新加坡环境发展部政务部长（副部级）接受了印尼商人赠送的 7 张机票，携带家人旅游，被发现后不仅被撤职，还被判刑 4 年。

四、国外公务员职业道德文化建设

西方国家的道德教育理论是源于资产阶级的人性论，其核心理念是提倡对公职人员进行道德教育，由此净化人性的“恶”，这是预防和杜绝公职人员腐化的治本之途。如此而言，道德教育可以使政府官员建立自我约束的道德理念，在这个基础上形成健康的道德价值是公务员职业道德建设的基础。

许多国家都有公务员职业道德文化建设的有效措施，包括道德教育，营造道德文化环境等。新加坡政府在公务员道德建设中讲究“心治”，使清廉成为官员的自觉意识。所谓“心治”，就是培养公务员秉公办事、奉公守法的品德。严刑峻法，只是从外部来约束官员和公务员的行为；高薪厚禄只是提供一种预防腐败的方法。而要彻底根治腐败，仅靠刑法、厚禄

是不够的，必须将廉洁转化为官员与公务员的一种内在要求，形成一种自觉树立起以腐败为耻、以廉洁为荣的心理机制，这样清廉之风才会盛行。“新加坡化”的儒学在新加坡政府的“心治”教育中起重要作用。知礼仪，懂廉耻，尊老爱幼，扶贫济贫，爱国爱民，忠于职守，奉公守法，具有群体意识，全心全意地为国家和社会工作。这些都是“新加坡化”的儒学的内容。这有助于公务员和官员以遵纪守法为荣，贪赃枉法为耻，远离贪污腐败。并且为加强对公务员的在职培训和职业道德教育，新加坡建立了公务员学院以专门负责培训在职的公务员。在对公务员的培训中，不仅传授知识，而且注意培养他们的爱国主义情感，教育他们忠于国家的目标。同时对他们进行职业道德教育，使得公务员能够以忠于职守、廉洁奉公为荣，以玩忽职守、腐化堕落为耻，进而从思想上筑起防范腐败的堤坝。

北欧国家普遍认为“文化是制度之母”，十分重视道德文化的培养，公民大多数养成了遵纪守法的良好习惯，而以权谋私则被视为令人唾弃的行为。这些对公务员的廉洁自律、对全社会形成崇廉、尚廉的好风气有极大的影响力。这是北欧不用重典依然廉政的重要原因。通过以上对国外公务员职业道德建设现状的认识，我们不难看出，法制化、制度化、专门化和重视文化建设构成了现代国外公务员职业道德建设的发展趋势。

英国问责制：强化担当职责，追究不作为

国无德不兴，人无德不立。一个民族、一个人能不能把握自己，一个国家、一个社会的文明程度如何、精神风貌怎样，很大程度上取决于其道德标准。然而“知之非艰，行之惟艰”，培育知行合一的道德责任感，把道德认知转化为行动自觉，还需要全社会付出艰苦的努力。

“一个人若是没有热情，他将一事无成，而热情的基点正是责任感。”

如果说好德之心人皆有之，那么道德责任感则不仅仅是停留在思想上的“好”，更意味着以此为快的践德之忧、舍我其谁的道义担当。

现代意义上的行政问责制发轫于近代英国，由英国实行多年的弹劾程序演变而来。行政问责制的基本内涵是：政府及行政官员的行为和业绩都要受到监督，必须公开自己的政治活动，对自己的言行举止、工作方法和工作绩效负责，接受来自上级和选民的评判，乃至罢免和起诉。行政问责制是西方政党政治和宪政体制的产物，历经几百年的演变，已日臻成熟和完善，在国家治理中发挥着重要作用。虽然西方国家采取了适合各自国情的行政问责制，但同时具有一些共同的特点。基本可以概括为：多元化的问责主体、专门的问责机构、广泛的问责范围、明确的问责类别、透明的问责程序，以及深入人心的问责文化，予世人以启迪和借鉴。

在英国，政府官员负有高度的政治责任，他们的行为不仅要合法，而且必须合理并符合民众对他们拥有较高职业道德的期望，其政策必须符合选民的意志与利益，如果决策失误或领导无方，造成严重后果，虽然官员本人没有犯法，也要承担政治责任、领导责任。

一、议会问责

当行政机关及其官员违法行使职权时，议会将通过下述三条渠道追究其相关责任。

1. 质询。根据英国宪法，下议院可以对个别大臣进行质询，就有关行政措施要求获得口头或书面的答复。大臣作为部门的政治领导者，必须对所有行动和失职行为作出答复，对其行政过失或失职所造成的后果承担责任。

2. 不信任投票。不信任投票是指议会以投票表决的方式对内阁的施政方针或阁员、部长的行政行为表示信任与否的活动。

不信任投票程序针对的对象包括内阁的施政方针或阁员、部长。引发议会动用不信任程序主要有两方面的原因：一是内阁的施政纲领、方针政策或某项重大行政行为违背宪法和法律，议会通过不信任程序对其加以纠正，使之符合宪法和法律。二是内阁成员有严重的违法失职行为。英国内阁实行连带责任制，内阁的某个成员有严重的违法失职行为，内阁必须总辞职。因此不信任程序对于政府内阁而言是一种相当严厉的问责措施。根据英国宪法惯例，如果议会通过对内阁的不信任投票或者否决政府的重要法案（如财政法案），内阁必须总辞职。

3. 调查。议会为了了解和确认某种事实，可以组织专门机构对政府进行调查。这种调查在英国政治生活中是司空见惯的，一般情况下，由议会任命一个特别委员会或授权某人对政府官员在执行政策过程中表现出来的渎职、无能、腐化堕落等行为进行调查，当事人可以陈述各自的情况和理由。目前，议会的调查程序更具有司法性，特别机构在调查时已越来越多地采取司法手段。一般性的调查包括视察、考察、走访等，没有严格的程序。确认某种事实的专门调查或特别调查包括国政调查、听证调查和特别委员会调查等，其适用范围可能涉及政府要员、法院法官的某些违法行为。调查中如发现触及刑法的事项，则将引起刑事责任的追究。

二、行政机关内部问责

英国的行政机关分中央政府和地方政府。中央政府即内阁，它是英国最高行政决策机关和政府活动的领导核心。地方政府是指由地方居民选举产生的、负责管理法律规定属于某一地方的行政事务，并具有独立法律地位的组织。因地方政府由选举产生，故称地方政府为“地方自治机关”。英国行政机关内部监督主要是：

1. 部长监督。公民在其权利受到行政机关不法或不当行为侵害时，有权直接向部长申诉，请求部长干预。但是，公民向部长请求干预，有两个限制条件：一是限于针对地方政府的行为；二是必须有法律明文规定。部长在审查地方政府的行政行为时，既可以审查行政行为的事实问题，也可以审查行政行为的法律问题；既可以进行合法性审查，也可以进行合理性审查。

2. 行政裁判所监督。英国的行政裁判所是在普通法院系统外，根据法律规定而设立的解决行政上的争端以及发生在公民之间的某些和政策有关的争端的专门裁判组织，其性质属于行政司法机关。在英国，行政裁判所不仅数量大、种类多，而且名称也多种多样，如裁判所、委员会、局和专员等，其与法院相比具有很大的优势，主要表现在以下三方面：第一，行政裁判人员具有处理行政争议所需要的专业知识和行政经验，这是普通法院法官所不具备的；第二，行政裁判的程序相对比较简便，办案效率高，且费用低廉；第三，行政裁判所不必遵循先例，在适用法律方面比普通法院具有更大的灵活性。这些优点保证了行政裁判所有效地解决行政争议，有力地监督了行政机关的行政行为。

三、公务员问责

英国政府认为公职人员由于承担特殊性质的工作，应当维持高标准的个人行为准则和执行其公务时的高度正直，因此他们不仅要遵守国家颁布的有关官员风纪的各种法规，而且要自觉遵守不成文的“荣誉法典”。如果出现违法失职或有损政府形象的行为，则要分别受到警告、申诫、停职或撤职等处分。

根据英国文官法规定，对公务员的惩处措施包括警告、申诫，停止或延期晋升、停职、免职等。英国文官法规定，应受惩处的公务员行为有10种，即不合格、不诚实、不请假而缺勤、不服从命令、破产、赌博、泄露情报、重大失误、违反纪律等。文官如果违反纪律，犯有过失，负责管理各级文官的常务次官可以以口头或书面的方式单独或当众予以警告、申诫，并报大臣处以停止或延期晋升、停职或撤职等处分。

现实样板

缉毒英雄明正彬：撑起边界线上的“无毒蓝天”

1. 怕苦别当警察，怕死别干缉毒

如果说警察是世界上最危险的职业，那么缉毒警察则是警察中最危险的。他们每天面对的都是凶狠狡诈的毒枭，看到的全部是危机四伏的场景。这样的日子有哪个人愿意经历？

他，从事缉毒工作十余年，破获各类贩毒案件 1400 起，抓获犯罪嫌疑人 1800 多名，缴获海洛因等毒品 3500 多公斤。

他，无数次卧底侦查，多次死里逃生。

他，被边界毒枭看作是眼中钉、肉中刺。而在百姓眼里，他却是安宁的“守护神”。

他，心中只有人民安危和国家利益，从不会因私情蔑视法律。

他，就是长期担任作为我国禁毒斗争主战场和最前沿的保山市公安局缉毒英雄明正彬。

与毒枭的较量，是生死存亡的搏斗。有人会很不解，这么累、这么苦、这么危险，为什么还要干缉毒警察？

“当时特别单纯，就觉得当警察很刺激、惊险。考警校时父母就反对，后来干缉毒他们就更担心。我就是觉得，缉毒才是男人干的事，凭着一腔热血就干上了。现在慢慢认识到，这是关系到国家兴亡、民族盛衰的大

事，真是‘利在当代，功在千秋’的事情，比比原来，多了份责任感。”明正彬说道，或许这就是为何他选择这个危险职业的原因。

直面刀光剑影，应对生死考验，明正彬真的一点都不害怕吗？

明正彬却回答道：“怕苦别当警察，怕死别干缉毒。”说完，他坦然地笑了。

2. **毒枭要用500万买他人头**

缉毒警察面对的敌人不仅仅是毒枭，还有自己。

明正彬说：“好几次我抓了大毒枭，有人来谈判，说只要放人，一切好商量，我都拒绝了，结果他们就雇了杀手到处追杀我，只要我一出境侦查，就会被人盯上。还有人出500万悬赏我的人头。”

犯罪分子为了逃过法律制裁，可谓是用尽手段，软硬兼施。如果没有一点责任心的基层干部，很可能会被毒枭的“糖衣炮弹”打垮。而明正彬却没有，因为他时刻都会记住自己是一名中国共产党党员，是一名身兼人民安危的缉毒警察。

当然，从另一方面来看，毒枭们害怕明正彬，所谓“邪不压正”或许就是这个道理。

“干禁毒工作，压力大、诱惑多，靠的是对党的忠诚、对祖国的忠诚、对人民的忠诚、对法律的忠诚和对事业的热爱。”明正彬说道。

正是他的这份对党的忠诚、人民的忠诚、对法律的忠诚、对事业的热爱，让这位汉子成为毒枭们的克星。

3. **法律面前无亲情**

在法与情面前，明正彬却“法不容情”。

1992年9月，明正彬亲自指挥抓捕一批贩毒分子，在抓捕现场，他竟然看到了自己的亲侄子，两人对视的那一瞬间，他看到侄子的眼里掠过一丝惊喜，仿佛看到了救星和靠山。

同事问明正彬该怎么办，明正彬严肃地说道：“怎么办？按法律办！”

侄子参与贩毒，就应该接受法律的制裁，可是，亲戚们轮番找他说情，他的回答却只有一句话："法不容情。"

这次共缴获了 20 多公斤海洛因，40 多万元现金，6 名参与贩毒的人员都被依法判处死刑。有人问他，你就不能改变你侄子的命运吗？他才 20 岁啊！"我无法改变他参与贩毒 20 多公斤的事实。我虽然是他的亲人，但我同时也是一名警察。我只有依法办案的权利，没有超越法律的特权。我关照了他，就会有更多的家庭受到毒品的侵害。"明正彬不假思索地回答道。

在 1993 年"6·26"前夜，明正彬的大哥打来电话："明天枪毙你侄子，家里没钱来收尸，你就帮着火化了后送回来吧……"明正彬紧紧地握着话筒，说不出话来。他对亲人显得是那样的"贫穷"，那样的无助。

他的做法让亲人感到很不解，有的亲人甚至认为他无情。可只有明正彬清楚，面对毒品的危害，法律的尊严，他只有在心里默默念道：天地良心。

4. **危及家人，却舍家为公**

1999 年，明正彬破获了"6·6"专案，捣毁了缅、滇、川地下毒品运输线，抓了 7 个大毒枭，他们收买、行贿不成，便对明正彬恨之入骨。

于是，毒枭决定对明正彬的亲人下毒手。

毒枭雇了 6 个杀手悄悄来到龙陵，想要绑架明正彬年仅 2 岁的儿子。然而三次绑架均未得逞。

8 月 16 日凌晨 3 点，气急败坏的歹徒便趁着夜色，再次来到龙陵，在向明正彬家里投掷了 3 枚自制的汽油燃烧弹后，扬长而去。歹徒是明显要置他的家人于死地。

燃烧弹轰然爆炸，家具、衣被都烧着了。庆幸的是，家人幸免于难。而当天，明正彬正在昆明指挥侦破"8·12"大案。在得知家中发生一切时，他没有赶赴回家，而是继续办案。

"8·12"大案破获后，明正彬才回到家。他不是不担心妻儿的安全，可是，他放不下整个保山人民的安危。这就是一个看似普通却很伟大的缉毒警察的情怀。

5. **对民警安危负责**

每个案件的破获，都是一次危险的经历，而在明正彬的队伍里，他不允许自己的战友倒在血泊中。

在很多时候，案件的破获需要有人潜伏进歹徒内部，了解情况。而每到这个时候，很多民警都毛遂自荐要求卧底，而明正彬则总是争着抢着去，108 次成功卧底，让一个个案件顺利告破。

“现在我作为一个指挥员，对于民警的安危，我负有更多的责任。所以在侦查破案、实施抓捕的一些细节上，我都会从案件的成败、民警的安危着眼考虑，付出更多的精力和心血。一支纪律严明、作风优良、业务精湛的队伍，是我们禁毒事业的一大财富。民警一定不能无谓牺牲!”身为副局长的明正彬说道。

在明正彬的心里，民警是自己的战友，更是需要自己保护的对象，他有义务确保他们的生命安全，这也是敢于担当的表现。

多年来，明正彬领导的禁毒队伍，无一人牺牲，无一人出现违法乱纪现象。他手下的民警都心甘情愿跟他一起去吃苦、去拼搏奉献。

保山禁毒支队曾被公安部荣记集体一等功，4 次荣立集体三等功，先后有 85 人次立功受奖，1999 年至 2001 年连续 3 年被云南省禁毒委和省公安厅评为全省缉毒先进集体。这在业界近乎奇迹。

6. **干部典范：不畏生死，大义重于天**

也许很多人会说，毒品是禁不完的，怎么可能凭借一个人的力量完成？而明正彬却说：“我也知道禁毒不是我们这一代人能够完成的，但多截获一批毒品，就可以多挽救一些人，我觉得这就是我的价值所在……”

多么朴实的语言，但又是多么坚韧的言语。明正彬用自己的胆识征服了一个又一个犯罪分子，用自己的忠诚和负责，让一个又一个百姓免遭毒品危害。他走在刀尖上，却能够跳出优美的舞蹈，他用铁与血的生命交响曲，舞出动人心魄的步调。在毒贩子面前，他不被金钱左右，不被刀枪左右，只被民族大义、人民安危左右。他是毒枭的“死对头”、“克星”，也是百姓头顶上的“青天白日”。

2004 年底，明正彬成为 2004 年 CCTV 感动中国十大人物评选候选人之一。

2005 年被云南省政府、国务院分别授予“云南省先进工作者”和“全国先进工作者”荣誉称号。

你身为国家干部，是否心中有责任？如果你看不到自己的责任，不敢担当脊背上的重担，那么，请你看看明正彬的事迹。梁启超曾经说过：“这个社会尊重那些为它尽到责任的人。”而你是否值得人民尊重？如果你从群众的眼神里看到的只有怨恨、轻蔑，那么请你想想，你是否真的担当起了身上应该担当的责任。

镇纪委书记王林华：干部换人质，担当树榜样

1. 以命换命的“胆大”书记

别人的生命是命，你的生命也是命，有谁会愿意为了救别人，将自己的生命置于危险境地？

2014 年 6 月 10 日上午，看似平静的一天又开始了，而这一天对于湖北省潜江市浩口镇第三小学的每位师生来讲，都无法平静。

就是这一天，在这所小学中发生了一起抢劫事件。而这次抢劫事件，却“造就”了潜江市浩口镇镇委书记王林华。

事件的目击者说：“是他主动要求替换人质，自己去做歹徒手中的人

质的。”

用自己的生命来换回别人生命的安全，这是怎样的情怀？对于王林华来讲，他认为自己是一名共产党员，选择这样做是自己的职责所在。

即便是职责所在，可这位勇敢的纪委书记的举止，也足以震撼国人内心。当这一事件，在网上报道之后，网友们这样评论道：

“纪委书记换老师做人质，这才是好公仆！”

“这样正能量的官员多了，我们中国何愁不强？”

2. 术后三天强行出院

5月份，王林华在一次篮球赛中突感身体不适，腰部疼痛，后被同事送到医院检查，发现竟是肾结石，医生要求他立即手术，王林华却拒绝道：“这是小事，最近工作忙，等端午节再来看吧。”

随后，又过了半个多月，趁端午节假期，王林华才联系医院进行手术，取出了结石，但在体内留下了一根临时导管，视恢复情况决定何时才能移除。术后，医生建议他能够住院观察半个月，但他惦记着工作，便不顾家人和医院反对，3天端午假期一过，便强行出院了。

到了该去医院复查的日子，可又是因为工作，他放弃了去医院复查。

面对这样负责的基层干部，我们怎能不为之动容。面对这样的同事，我们怎不心生敬佩？

3. 危难时，方显英雄本色

湖北省潜江市浩口镇这所学校由幼儿园、浩口镇三小和初中组成，其中浩口三小的学生达到1300余名，被劫持班级有52名学生。

当时六（3）班正在上课，面对歹徒，40岁左右的代课老师秦开美对歹徒要求，放了52名学生，自己留下来做人质。歹徒当场同意了。

上午9时30许，当地公安机关、浩口镇党委政府相关人员赶到现场。王林华作为镇纪委书记，也赶到了现场。

王林华在浩口镇工作3年左右，分管信访、维稳工作。王林华看到劫持在教室一角的桌上摆着用饮料瓶装的 6 瓶汽油。

如此危险的境地，换作是谁，估计都不愿意冲上前去，而王林华却要求歹徒放了老师，自己去做人质，歹徒再次同意了。

王林华在事后说道："当时我要求进去，并没有想太多，这是职责所在!"可是，在这种危险的情况下，又有几个官员会甘心冒如此大的险呢?

易卜生说过："社会犹如一条船，每个人都要有掌舵的准备。"在那时那刻，王林华便是一个勇敢担当的掌舵人。

4. 耳边响起 4 声枪响

王林华说："由于我之前和他打过几次交道，所以我提出了交换请求，经过反复劝说，歹徒终于同意交换。"

王林华进入教室后，歹徒张泽清首先是提出了一个 5 人名单，他要求警方将这 5 个人都找来。

虽然名单上的人，王林华都不认识，但是他按照歹徒的要求传达给了警方。在等待和交涉过程中，歹徒手中的打火机一直没有远离炸弹瓶，也就是说王林华随时都有丧命的可能。

王林华被歹徒逼到后门，用课桌将他围起。为了能够稳定歹徒的情绪，王林华开始与歹徒谈判，不过这并未让歹徒放松警惕。

由于对峙时间太长，歹徒情绪有些失控，他开始将水瓶中的汽油浇在了王林华的前胸上，并一步步将他逼到教室角落，随后再一次泼油。同时，歹徒将手指按向与自制爆炸物相连在一起的打火机。

就在此时，王林华听到枪声在耳边响起，一连 4 声，随后歹徒倒地而亡。其中一枚弹壳撞墙反弹后，擦着王林华右耳朵飞过，耳朵瞬间流血，一部分软骨也被挫伤，差一点就弹中头部!

王林华在附近医院打完破伤风针，匆匆赶回镇政府处理善后事宜。

王林华被救了，可是如果警方晚几秒钟开枪，王林华的生命将面临极大的威胁。

有人问他，当时是否害怕?

王林华说道："我觉得我能把他说服，所以就进去了……不过自己想想当时的情况还是有些后怕。"

5. **干部楷模：民生安全重于天**

究竟是什么让王林华具有不怕死的勇气？

王林华的一句话或许就是最好的答案："这是我的职责所在"

在危难时，他不顾个人安危，首先想到的是保护群众的人身安全。

一名基层干部能够用自己的生命来换取群众的安全，这就是担当了大任，这就是负责。

在同事眼里，王林华为人厚道，言语不多，重实干。在下属眼里，他重视对下属、对年轻同志的培养。在百姓眼里，他敢于担当，是一个靠得住的官员。

有人夸他是"好汉"、有人夸他是"英雄"，这些称号，他都受之无愧，因为他在危险时，首先想到自己是一名共产党员，担当责任、保护群众是自己的职责。对于如此有担当的充满正能量的官员，用再美好的词汇来形容也不为过。

王林华只是一位普通的基层干部，却能够作出伟大的举动。同为干部的你是否能够像王林华一样有担当、敢担当。在危险来临，你是否会选择用自己的生命来保护群众的生命？如果你迟疑无法给出答案，不妨看看王林华的事迹，让自己的内心变得更加有骨气、有勇气。

知行合一

学习资源推荐

1.《敢于负责勇于担当》，姚巧华编著，北京工业大学出版社

2. 电影《任长霞》，长春电影制片厂

3. 电视剧《铁肩担道义》，河北省委宣传部等

4. 纪录片《忠诚》，军事科学院、长春电影制片厂等

5. 纪录片《担当》，中央电视台

我要行动

请思考研讨如下问题，结合实践写出自己的学习体会和行动计划。

* 党员干部如何理解“国家兴亡，我的责任”？

* 如何在实践中提升自身的忠诚度与责任感

* 80、90后党员干部：20年后的强国梦就在我们肩上

❺ 清正廉洁

* * * 清正廉洁箴言 * * *

◆历览前贤国与家，成由勤俭破由奢。——［唐］李商隐

◆激浊而扬清，废贪而立廉。——［唐］柳宗元

◆廉者，民之表也；贪者，民之贼也。——［宋］包拯

◆世路无如贪欲险，几人到此误平生。——［宋］朱熹

◆不受曰廉，不污曰洁。盖无廉则无新不取，无耻则无新不为。不廉其源皆生于无耻也。——［清］顾炎武

◆不管时代的潮流和社会的风尚怎样，总可以凭着自己高贵的品质，超脱时代和社会，走自己正确的道路。——爱因斯坦

◆没有思想上的清白，也就不能够有金钱的廉洁。——巴尔扎克

◆贪侈会破坏人们的心灵纯质，因为不幸的是，你获得愈多，就愈贪婪，而且确实总感到不能满足自己。——法·安格尔

◆俭朴的生活，不但可使精神愉快，而且可以培养革命品质。——徐特立

标准解读

保持清正廉洁，恪守为政底线

一、党员干部做人之本：一身正气，两袖清风

一身正气、两袖清风，是共产党人的做人之本。一个人如果做不到心存正气，做事情也不会做到大公无私。胡锦涛同志在中央纪委七次全会上的重要讲话，强调保持党的纯洁性，就必须大力保持党员、干部清正廉洁。这一重要论断鲜明地指出了党风廉政建设的重要着力点。

为党为政者，首先为人。无论从事何种工作，都应该先学会为人。作为人，就应该遵循做人的本分，而做人本分无非是学会克制自己，遵守道德和法律。每个人都有欲望，并且人的欲望是无穷的，而每个人都希望拥有更多更好的东西，这种“为我所有”的思想就是人的私欲。克制自己，也就是要克制自己的私欲，不是任何美好的事物都可以占为己有，并不是美好的事物都应该被自己所拥有。对于党员干部来讲，自己不单单是一个“人”，更是党的“人”，在工作中，党员干部是无权存有私心，更不能被自己的私欲所控制。故此，党员干部要管好自己的“心”，不要让“贪心”将自己拉进腐败的泥潭。

“正气”发源于人的内心，一名心中充斥着浩然正气的干部，做事情总是能够着眼大局，从人民的利益出发。反之，一名心存私欲，杂念的党员干部，做事情只能看到眼前小恩小惠，根本做不到为人民办实事。

公正对于一个领导干部来讲，应该是做官第一位的原则。党员干部的为人之根本则是心寸正气，不被误会玷污，用手中权为人民群众谋福利，而不是为自己谋利益；用行动为国家做贡献，而不是为金钱卖命。

“政者，正也。”恪守清正廉洁是为政底线，只有做到这点才能够永葆共产党人的政治本色，一名合格的党员会时刻警醒，接受人民的监督，时刻保持清廉执政、两袖清风，既要对得起自己的良心，又要对得起党的信任和人民的支持。

二、党员干部为政之要：老实干事，清白为官

2014 年 5 月，中共中央总书记、国家主席、中央军委主席习近平在河南考察时强调，各级党组织要加强对党员干部的教育、管理、监督，用好选人用人考德这根杠杆，引导党员干部堂堂正正做人、老老实实干事、清清白白为官。

进入新世纪新阶段，党员干部肩负着实现中华民族伟大复兴光荣使命，因此，全党上下更应该深入开展保持党员先进性教育活动，加强党员干部的自律教育，保持好党员干部的先进性，切实加强党性修养和锻炼，始终坚持立党为公、执政为民。党员干部要通过自己的模范行动和出色工作，给人民群众交出一份满意的答卷。

众所周知，党员干部的工作作风直接影响到人民利益的实现，因此，更需要做到老老实实干事，清清白白为官。“老老实实做事”就要求党员干部能够秉承“为官一任，造福一方”的原则，党员干部要做到在其位要谋其政，用手中的权力，全心全意为人民服务。当下，我们的党员干部队伍中确实还有“做事不够老实”“当天和尚撞天钟”的官员，这些官员在工作中，总是以自己的利益为先导，无论是想事情还是做事情，第一个要想的问题是“这样做会不会影响到自己的仕途?”“这样做会不会得罪领导干部?”这些思想的存在都会导致党员干部不能“老实”办事，真心实意地为百姓做事情，从而遭到人民群众的反感。真正做到“老老实实干事”的党员干部会脚踏实地为人民办实事，做好事，解民忧，惠民生，从而造福一方。

“清清白白为官”就是党员干部要廉洁自律，手脚干净，做到不贪污，不受贿，不以权谋私，不贪赃枉法，做到一身清白，做清廉的官员。要做到这一点，就需要党员干部不断提高自己的党性修养，树立正确的世界观、人生观、价值观。与此同时，要站在人民和国家的利益上思考问题，始终保持正确的人生航向。不可否认，有一些官员总是以自己的利益为出发点，在官位上争名夺利，抵挡不住金钱和权力的诱惑，作出损害国家和人民利益的事情，最终只能遭到人民的唾弃。

当然，我们今天有很多优秀的党员干部，比如孔繁森、郑培民、任长霞、牛玉儒等同志，都是做事、做官的典范，值得所有的党员干部去学习。能做到老实干事，清白为官的官员才配得到人民的尊重，才配得到组织的信任。因此，党员干部千万不要让自己的双手沾满铜臭味，让自己的心被不正之气所侵蚀。

三、清正廉洁是保持党的纯洁性的基本要求

对党员干部来讲，保持思想纯洁是立身之本、从政之基。如果身为党员，却做不到思想纯洁，那么精神便没有了支柱，人生便会迷失方向，在工作生活上也就更容易出问题、犯错误。广大党员干部只有保持思想纯洁，才能在大是大非面前，保持清醒、更有主见，也才能在危难关头，保持头脑清醒，知道自己究竟该做什么、不该做什么，哪些事情能做、哪些不能做。如果每一位党员都能保证自己的思想纯洁，那么我们党的纯洁性便有了更为坚固的保证。

无可厚非，党的纯洁性同一切腐败现象是呈对立面存在的。党的纯洁性不允许任何一名党员存在任何一点腐败行为，这些行为都是对党的纯洁性的挑战。不得不承认，有一部分党员干部在“以身试法”，在挑战党组织的纯洁性。而这些消极的腐败现象与我们党的性质和宗旨水火不容，与广大人民群众的利益和国家利益也是背道而驰的，这些行为势必会受到人民的监督，得到法律的制裁。否则，就会丧失人民信任和支持，就有亡党

亡国的危险。

保持党的纯洁性是每一位党员干部的责任和义务，因此，这就要求每一位党员干部从自身做起，不仅要避免自己走上贪污纳贿的不归路，也要对身边的同事进行提醒和监督，只有这样，才能够提高党的纯洁性，得到广大人民的拥护和爱戴。

“对己清正、对人公正、对内严格、对外平等”不仅是党员干部为政底线，更是组织部门自身建设的核心内容和永恒主题。身为党员，我们有责任提升自己清正廉洁，更有义务做到两袖清风，无论在什么时候，我们都应该牢记自己是一名中国共产党党员。

廉树威贪失信，廉兴国贪失家

一、古往今来，贤臣无私利

我国自古以来就有重廉、崇廉、促廉的良好传统，历朝历代，都有对“廉”的要求和记载，因此，清正廉洁被视为“国之四维”。纵观历史几千年，凡是吏治比较严明、官风比较清正的朝代，必然出现过繁荣昌盛之景象；凡是吏治混乱腐败、官风腐败不堪的朝代，必然衰败不堪，甚至走向灭亡的速度也是极快的。

每个朝代都有出现过清正廉洁之人，当然，无数贤臣干吏都把清正廉洁奉为自己的从政为官之道，被世人世代传颂的宋代名臣包拯，就曾说过，“廉者，民之表也；贪者，民之贼也”，他也用自己的实际行动来执行着自己为宫的立场；明代末期，官风腐败、民不聊生，可在《官箴》中也有这样的记录，“吏不畏吾严而畏吾廉，民不服吾能而服吾公。公则民不敢慢，廉则吏不敢欺”，这句箴言也被无数封建官员奉为自己的座右铭。

在封建社会的“人治”条件下，老百姓不像现如今人民享有民主，可百姓们的心是透亮的，他们将为民请命、伸张正义的好官尊称为“青天”，并将清廉官员的事迹载入史册，世代流传。东汉太守杨震拒收一个他曾经提拔过的人送来的十两黄金，理由是“天知、地知、你知、我知”；明代清官海瑞的事迹众所周知，他宁可十年不升官，也不向上司送一文钱，并且还将贪官拉下马，被老百姓尊称为“海青天”……这些清正廉洁的故事和事迹有很多，古往今来，贤臣们也是这样去做的，作为党员干部的我们应该深思，并向这些清廉的官员学习，提升自我监督能力，做到两袖清风。

二、党员干部自我修炼术：拒腐防变，兴国为家

提高拒腐防变的能力是我党面临的历史性课题之一，其对于巩固党的执政地位，维护人民群众切身利益，保证国家长治久安和党员干部健康成长具有十分重要的意义。

近两年随着反腐工作的开展，有不少官员纷纷落马，这不仅让人民对其感到失望，更影响到组织的整体形象。这些领导干部之所以缺乏拒腐防变的能力，走上腐化堕落的不归路，多半与其自身素质有关。

身为党员干部，应该不断提高自身素质，筑牢拒腐防变的思想道德防线。在日常工作中，各级领导干部都应该自觉加强党性修养，牢固树立马克思主义的世界观、人生观、价值观。对待权力、地位、利益，要做到不贪不占、不攀不比、不怀叵测之心。真正做到常思贪欲之害，常怀律己之心，一身正气、一尘不染，始终保持高尚品格和革命气节。

学习是文明传承的途径，更是政党巩固的根基。身为党员干部如果不加强自身知识文化的学习，必然思想会僵化，能力也就会退化，面对腐败影响，内心无法做到抵抗，因此，就难以做好本职工作，势必会贻误党和人民的事业，甚至作出有损国家和人民利益的事情。

与此同时，要在党员干部内部开展廉洁从政学习教育活动。组织广大党员干部深入学习实践科学发展观和正确的价值观，教育活动不能单纯的停留在课堂上，要开展多种方式的教育活动，鼓励党员干部多走基层，走到人民群众中间去，通过实践活动来加深党员干部的理论学习，从而打牢廉洁从政的思想政治基础。

党员干部要时刻牢记“清廉为官”四个字，要知道如果自己不能管好自己，便会对国家和人民的利益造成负面影响，不仅如此，对个人家庭生活也会造成很坏的后果。清廉的党员干部不仅在工作中能够发光发热，同时，在照亮自己的同时，也照亮了别人，对身边的同事也能够起到督促作用，有利于整个党群队伍的廉政建设。党员干部切忌，不要因为一时错误之念，毁了自己的家庭，损害国家的发展和安定，不要让自己踏上不归路，让曾经爱自己、敬自己的亲人和群众失望伤心。

敬畏权力、敬畏法纪、敬畏人民

一、党员干部秉公用权是根本

对党员干部来讲，他们手中有权，甚至手握大权，权力本身就是把双刃剑，可以使人正直、也可以使人堕落；可以让人走向辉煌、也可以使人变得猥琐；可以使人做到自律自控、也可以使人更加放纵；可以使人立功、也可以使人犯罪。一念之差，往往让无数人因权而荣、因权而损。由此可见，秉公用权、廉洁从政可谓是十分重要。

胡锦涛同志在中央纪委第七次全体会议上指出，秉公用权、廉洁从政，进一步强调领导干部应该使用好手中的权力，真正地代表人民掌好权、用好权，这也是当前干部作风建设中一件中心大事。党员干部如果做到一心为公，才能够将权力用对用好，只有做到两袖清风，手中权力才不会用滥用糟。

秉公用权，就是要求党员干部能能够坚持规范用权，确保权力正确行使。党员干部要时刻牢记，自己手中之权是人民赋予的，因此要坚持为民用权，始终将是否符合群众利益与意愿作为衡量用权的最高标准，把人民赋予的权力真正地用到人民身上，为人民做一些实事。在用权的过程中，党员干部要时刻警惕，千万不要因为私利或者为了某一小部分人的利益，而损害了广大人民群众的利益，更不要为他人谋私充当工具和保护伞；作为党员干部，自己要做到不乱用权力，就要能够顶得住来自各方面的干扰、请托，在权力面前没有“面子”、没有“人情”。人民群众的利益才是最大的人情，国家的利益才是最大的面子。

秉公用权更要求党员干部能够做到阳光用权。习近平总书记指出，“加强对权力运行的制约和监督，会影响到领导干部的舒适度”，“不想接受监督的人，不能自觉接受监督的人，觉得接受党和人民监督很不舒服的人，不具备当领导干部的起码素质”。在权力的行使过程中，党员干部一定要按照正规程序和途径，进行决策和实施。凡是涉及群众切身利益的决策都必须充分听取人民群众的意见和建议，了解人民群众的想法，聆听人民群众的心声，始终将自己置于党组织和广大人民群众的监督之下，让人民群众看得见、看得清权力的实施过程。

秉公用权更要求党员干部能够做到坚持廉洁用权。每一位党员干部都要清楚公与私的“警戒线”，权力只能对公，不对私。做到为了国家和人民用权，而不是为了个人和亲朋好友而用权。权力虽然被握在党员干部手中，却属于人民，它不属于高官，更不属于某个人。因此，党员干部只有做到为公、为民、为国用权，才能够成为一名合格的中国共产党党员。

二、党员干部牢记：心存敬畏方能“如履薄冰”

古人有言：“心有所敬，行有所循；心有所畏，行有所止。”一个人心中存在敬意和敬仰，做事情会遵循规律，一个人心中有惧怕，做起事情才会有所抑制、有些事情才不会去做。对于党员干部来讲，亦是如此。

党员干部不仅心中要有社会主义的信仰，更要有对国家法纪的畏惧之情，对权力、对人民、对法纪要常怀敬畏之心，并以此来监督自己。党员干部心中常存戒惧之意，才能做到坚决克服腐败心态，才能避免用人民赋予的权力换取个人的荣华富贵、谋取锦绣前程。做到敬畏权力，才不会对手中权力有非分之想，才会想着用权力来造福人民群众。

党员干部要敬畏党纪国法，要知道遵纪守法，是每一个公民生活工作的底线，而作为国家的党员干部，更应该以遵纪守法作为自己的立身立命之本。要想遵纪守法，必然要学习党纪国法，要不断加强自己的法纪意识，对违纪违法现象有全面而充分的认识，避免自己出现违纪违法的行为。

在现实生活中，有些法纪意识淡薄的官员，很容易将职务犯罪行为当作是正常的人际交往行为，从而丧失了党员干部最基本的做人做事底线，这种行为就是典型的法纪意识不强、法纪认识不足的表现。甚至，有些官员认为自己做的事情只有“天知地知，自己知”，因此即便做了什么违法乱纪的行为，别人也不会知道，要知道“法网恢恢、疏而不漏”的道理，存在侥幸心理的党员干部往往也是因为心中“无法纪”、“轻法纪”的表现。一个合格的党员干部，在自己做事情之前，首先会想到自己的行为是否触犯了党和国家的纪律与法律，自己的行为有丝毫不妥之处，都会认真反省。

党员干部应该做到敬畏人民。要知道党员干部手中的权力是人民赋予的，人民既然能够赋予我们权力，同样也能剥夺我们手中的权力，所谓“水能载舟亦能覆舟”。党员干部要敬爱人民群众，时刻将人民群众的利益看作是自己的行为的出发点和立足点，真切的为群众办实事、办好事，同时也要畏惧群众的力量，人民群众的力量是无穷大的，敬畏人民，才不会作出伤害人民切身利益的事情，才不会作出违背人民群众意愿的事情，党员干部才会知道什么事情是该做的、能做的、必须做的，什么事情是不能做的、不该做的。

心中有所敬畏的官员干部，会接受人民的监督和组织的约束，工作中也会严格按照法律规定的权限、程序和责任行使权力，不会作出超越边界、恣意妄为的事情。腐败堕落的官员终究会被人民拉下权力的宝座，成为人人唾弃的贪官。因此，作为党员干部应该防止因一念之差打开贪欲腐败的大门，防止因一时失足走上违纪违法的道路，防止因一时胆大妄为作出有损人民利益的事情。

三、党员干部队伍建设途径：标本兼治，惩防并举

一名党员干部出现违法乱纪的现象，就可能会影响到整个党组织的工作和形象。因此，不断提升党员干部队伍建设，不仅是提高党纯洁性的必要途径，更是培养先进党员干部的必由之路。

在党群中，进行党员干部队伍建设的目的就是为了避免出现“一颗老鼠屎，坏了一锅汤”的现象，尤其是对某个或者某小部分党员干部出现贪污腐败的现象，更是应该进行有效地治理。

处理党员干部的违法乱纪行为，不能只治标不治本，也不能只懂得处罚不懂得防御。首先，要严格落实党风廉政建设责任制。规范责任制能够避免出现因为责任不清、责任不明导致官员出现违法乱纪、贪污纳贿的情况。要建立健全思想教育机制，把教育贯穿于领导干部培养、选拔、管理、使用的全过程中，避免因为教育和廉政知识普及不到位，而导致某个别党员干部出现违法乱纪的情况。

其次，要着力完善反腐倡廉法规制度体系，完善监督体系。不仅要进行党内监督制度的完善，更要实现人民监督、舆论监督多种途径并存。监督并非是对党员干部的不信任，而是为了更好的督促领导干部做到清廉为政，避免他们因为一时错念而误入歧途。胡锦涛同志曾多次强调，要健全权力运行监控机制，推进权力运行程序化和公开透明。

再者，党员作风建设和改进，能够有效防治腐败，对党群中出现的不良作风要及时地进行制止和提醒，避免党员干部作风上出现贪图享乐、以权谋私的现象。在党员教育学习过程中，要着重对党员作风问题进行细化分析、强化督导，保证每一名党员干部都能够保持优良的工作作风。

最后，对腐败现象要建立完善的惩治系统。有罪不惩，就等于纵容党

员干部的不法行为，如果某个别的党员干部的违法乱纪行为得不到应有的惩处，则会误导其他党员干部，会让他们认为这样做是正确的，是无所畏惧的，这样势必会影响到人民群众利益的实现。因此，要建立健全完善的惩治腐败的制度和法规，让作风腐败的官员得到应有的惩戒，避免他们越陷越深，犯更大的错误。这样做也是对其他的党员干部的一种警示，能够起到“杀鸡儆猴”的作用。

有的党员干部认为“人不为己，天诛地灭”。认为每个人都是在为了追求自己的私人利益而工作，因此，他们肆无忌惮的贪污纳贿，作出有损国家和人民利益的事情，这样的行径势必会被人民所发现，最终曝晒在阳光下，不法官员也会被送上断头台。可见，这种事情发生之后，再进行治理和惩处的方式虽然能够打击腐败现象，但是却不是预防腐败产生的好办法。因此，预防腐败现象的产生就需要党和国家制定完善的监督体制，对党员干部进行思想教育活动，提升党员干部的综合素质，只有这样才能在治理腐败的道路上做到标本兼治。

唯德唯廉唯实，尽心尽职尽力

一、为官先修德，为政先正心

无论是古代帝王，还是现今各国领导，都十分注重以德治国，而要做到以德治国就必须要先以德从政。以德从政则要求从政人员能够做到修身律己、管控自我。我们国家自古就是一个崇尚品德、官德和政德的国家，“德治”是中华民族的优良传统，也是治国兴邦的历史经验。

现如今，中国共产党作为整个华夏大地的执政党，更是注重党员干部的“德行”培养。胡锦涛总书记在“七一”重要讲话中指出：要坚持把干部德放在首要位置，选拔那些政治坚定、有真才实学、实绩突出、群众公认的干部，形成以德修身、以德服众、以德领才、以德润才、德才兼备的用人导向。可见，为官者先要修炼好自己的德行，否则就不可能成为一名好官。同时，党员干部的道德修为不仅仅是自己的事情，其关乎党和政府在人民群众心目中的形象。因此，党员干部要时刻告诫自己，不能因为自己一个人的“无德”而损害了党的形象和国家的形象。

作为一名党员干部，要重视自我的思想道德建设，要知道在不同时期有着不同的道德规范和标准。无论是党员干部还是普通大众，遵守最基本的道德行为是做人做事的底线。如果党员干部连最基本的思想道德都无法遵守，那么怎么可能会遵循政德，还何谈政绩之说。党员干部要将不断推进先进生产力的解放和发展列为最大政德，要将不断实现好、维护好和发展好最广大人民的利益列为最高政德。

在群众心目中，党员干部应是道德的楷模，官德代表社会较高层次的道德要求，在一定程度上对民德具有示范和引领的作用。那么，党员干部作为个体，其道德水准虽然不能代表整个社会的道德取向，但却会影响到在人民心目中的地位。再者，党员干部作为一个群体，由于其在社会中发挥着的引领作用，其道德水准在客观上也是整个社会所倡导的道德准则和道德观念的折射和反应。人民群众往往会从官员的言行举止、为政之举中感知到社会的道德取向，并以此来作为自己的道德取向。可见，党员干部的思想道德往往会被人民群众拿来效仿，因此，党员干部应该做好模范带头作用，否则，不足以承担起服务群众的重担。

随着社会的不断发展，人们面临的诱惑也越来越多。党员干部在灯红酒绿、纷繁复杂的现代社会里，要想获得人民赋予的权利，那么就需要做到稳得住自己的内心，管好自己的双手，抵抗得住各种诱惑。当然，一名合格的党员干部，首先要具备一颗正直的心，所谓正直的心，不仅仅要做到为人正直，更要做到清正不阿。不仅要能够遵循基本的道德，更要能够避免心生邪念。

心正之人，在大是大非面前，能够从全局出发，保持清醒的头脑，坚持自己的主见和正义，同时，能够树立正确的价值观和人生观。心正之人，不会因为个人小利而舍弃人民大利，不会因为个人小义，而舍弃民族大义，不会因为个人安乐，而放弃为人民创造安乐。

众所周知，无论是高尚的操守还是渊博的知识，都不是先天的，往往是通过后天的学习和培养才能够具备的。因此，作为党员干部，要想让自己成为“德才兼备”之人，就要热爱学习，通过学习来扩展眼界，识人识道。而正直的内心也是通过实践锻炼和对文化传统的学习来得到的，因此党员干部不妨将学习教育作为终生的课题，作为从政的基础。牢记“活到老，学到老，改造到老”的至理名言，不断扩充知识，提升自己的思想文化水平，做一个有德正心之人。也只有拥有一定道德修为的官员，才能够避免自己走向贪污纳贿的不归路，只有心存正义的人，才不会允许自己作出违背正义的腐败行为。

二、不唯上，不唯书，只唯实

陈云同志在延安时期就提出了“不唯上，不唯书，只唯实”的观点。这一观点，对于今天的党员干部来讲依然实用。

“不唯上”不是要求党员干部不听从上级的领导和命令，不遵循上级制定的决策和计划，而是要求党员干部不要一味的服务上级，谄媚上级，也不要一味地认为只要是上级说的话都是正确的。“不唯书”也并不是不读书、不学习的意思，而是不要将工作中的所有事情都不分青红皂白的按照书本上的理论来进行解决。“只唯实”就是只有从实际出发，实事求是地研究工作中的问题，找到处理问题的办法，这是最为可靠的。

在实际工作中，不乏一些党员干部对待上级的指令不假思索，上级说什么就是什么，根本不根据实际情况来思考问题。有时候上级领导考虑不够全面，所做决定可能不适合某个地区的特点，面对这种情况，有些官员还是一味地遵循上级的指令，不根据当地的实际情况来作出调整，这样做的最终结果往往是见不到实际效果的。有些官员天天捧着书本，学习理论知识，从来不知道走到基层，了解实际情况，总是以书本知识为工作决策的方向，从而作出不切合实际的决定，影响一方发展。

在不同的社会形势下，不同的地区，面对不同的民族，自然会面临不同的特殊情况存在，而这些特殊情况的存在，就要求党员干部能够根据实际情况来找到适合当地发展的方法来解决问题。只有做到了实事求是，才能够将工作中的问题进行化解。

“只唯实”作为一种政治品格，它应该成为每一位党员干部的政治意识、政治勇气和政治行为。毋庸置疑，在工作中，党员干部要坚持实事求是，就需要坚持“只唯实”。然而，时至今日，有些党员干部口头上喊着“唯实”，实际却与其背道而驰。他们讲假话、套话、空话，搞的是“形象工程”、“政绩工程”，这种行为也是一种腐败，对人民和国家利益的维护是绝对没有好处的。

“只唯实”就要求党员干部从实际出发，真心实意地为人民群众办实事，避免出现“不实”的行为，避免出现贪污腐败、作风僵化的行为。因此，为官者，要能够做到“唯实”才行。

党的事业重如山，个人名利淡如水

一、永葆党的纯洁性：党员干部要“淡泊”为官

保持党的纯洁性，是我们党一以贯之的要求，也是保持党的先进性的前提和基础。胡锦涛同志强调，“要从党和人民事业发展的高度，从应对新形势下党面临的风险和挑战出发，切实做好保持党的纯洁性各项工作”。要想永葆党的纯洁性，就要求党员干部做到淡泊为官，树立正确的权力观和价值观，理性地看待和对待工作。既不能被“人情”诱惑，也不能被金钱收买。

俗话说得好："求名心切必作伪，求利心重必趋邪。"在实际工作中，一些党员干部为了追求自己的名利，不惜丧失党性原则，最终脱离了人民群众，甚至走向违法犯罪的不归路。党员干部要想做得称职、做得合格，就需要保持共产党人的革命气节，摆脱名利、地位的舒服和羁绊。

在今天这样物欲横流的社会面前，党员干部能否做到"甘天下之淡味，安天下之卑位，不戚戚于贫困，不忻忻于富贵"不仅是对人生的考验，也是党和人民给党员干部出的一道考查题。如果党员干部过不了名利关，则就很难做到清正廉洁，两袖清风。其手中的权力越大，贪污纳贿，腐败的程度也就越深。

古人有云："位不在高，廉洁则名。权不在大，为公则威。斯是公仆，惟吾德馨。"党员干部只有做到以清正廉洁为底线，才能保持共产党员的高风亮节，才能够抵挡得住名利地位的诱惑，真正成为"学高为我师，身正为我范，名利淡如水，事业重如山"的人民公仆。

党员干部要做到淡泊名利，则需要拥有一颗平常心，即以平静之心对己，以平稳之心处事。为官过程中，不要羡慕他人官位升迁，也不要妒忌别人收入颇丰，要时刻记住，做好自己手中的工作，才是正道。有些官员只懂得一味的攀比和妒忌，从而心态变得失衡，自然也无法在名利面前保持淡泊的心态，所谓"名为招祸之本，利乃忘志之媒"，其意正在于此。

常言道："当党员的，做事不能贪图个人名利。"可在现实生活中，总有那么几个党员干部在名利面前失去自我，在名利面前走向不归途。

身为党员干部究竟要如何看待自己眼前的名利？这已经成为检验一个人品格的试金石。要知道个人追求是与党和人民的利益紧密联系在一起的，是与实现党的伟大事业紧密相连的。如果作为党员干部的你心生争名夺利之意，就不妨多看看那些不为名利，鞠躬尽瘁的优秀党员干部事例，让他们的精神带领自己走出"名利场"，从而全心全意地为人民服务。

如果一名党员干部只在乎自己的名利，那么他们做任何事情、想任何问题都会以自我为中心，根本不会真心实意地为人民群众着想，也看不到人民群众的需求，感知不到人民的愿望和要求，从而所做决策往往是满足个人私利的行为，对人民群众的利益是一种损害。这样的党员干部在金钱面前，总是无法拒绝，在地位面前，无法正视，最终，自己享有了不该拥有的金钱和地位，却失去了民心。民心一旦失去，那么一切都将土崩瓦解。

选择了当党的干部，就选择了为民，也就是选择了奉献自我，选择了淡泊名利。如果党员干部想要通过为官为政获得金钱地位，那么其目标和党的宗旨是相违背的，党自然不会允许这样的人存在。故此，淡泊名利不是嘴上说说那么简单，要真正做到不为钱所动、不为名所容。

二、党员干部要忠于党和人民的事业

对中国共产党的每一位成员来讲，共产主义事业就是我们的终身事业，献身事业是党员干部的真正价值。而领导岗位则是为党和人民服务的平台，不是为个人谋私利的途径。既然身为一名党员干部，就应该尽自己最大努力，为了党和人民的事业奉献终身。

忠诚，是为人处世的一种准则，也是我国传统文化所推崇的基本道德范畴。无论身处哪个行业、身居何等官位，都有义务做到忠诚。尤其是对于党员干部来讲，不仅要对家人忠诚，更要对党和人民忠诚。因此，党员干部的政治忠诚度怎样，不仅决定着其自身发展，更决定着我党乃至国家民族的稳定与发展。

领导干部作为中国共产党的一员，首先要做到对党的忠诚，对党的伟大事业忠诚。这就要求每个党员干部在入党之日起就做好“永不叛党”的思想准备，同时，在平时的工作中，党员干部必须坚定信念和政治立场，自觉地在思想上、政治上、行动上同党中央保持高度一致。遵守党的纪律，不做违规违纪的事情，尤其是要求自己不能为了个人私利而作出有悖组织纪律的事情。

每一位党员干部都必须遵循全心全意为人民服务的宗旨，因此，党员干部必须忠诚于人民，这是我们党一切活动的出发点和立足点，只有做到忠于人民，才不会乱用手中的权力，才不会违背人民的意愿，作出危及人民利益的事情。忠于人民，才能够让党员干部找到前进的方向，才能避免误入歧途，作出有损人民利益的事情。

党员干部要强化忠诚意识就离不开对理论的学习，尤其是对党的理论思想进行全面系统、深化的学习，持久地抓好马克思主义理论学习。党员干部坚定不移地按照党的宗旨办事情，才能做到“不谋私利”、“不图利欲”。

一个能够做到对党和人民忠诚的党员干部，能够抵御金钱和地位的诱惑，树立正确的权力观和价值观，找到自己行为做事的方向和目标，不会辜负人民群众的信任和党的重托，积极主动的为实现党的伟大事业而奋斗终生。不可否认，在现实中，有些党员干部只是将忠诚挂在嘴边，写在纸上，却无法存在心中，付之于行动。这样的官员只懂得做样子、摆架子，却不懂得真正为党的事业奋斗，为人民谋福利。

党员干部忠于党和人民，也要忠于事业，认真履行自己的职责和义务。在工作中，党员干部需要明确自己的职责规范，强化自己的责任感，做到忠于职守，爱岗敬业。同时，要做到脚踏实地，埋头苦干。

以史为鉴

于谦：粉身碎骨浑不怕，要留清白在人间

于谦（1398 年－1457 年），字廷益，号节庵，谥忠肃，浙江杭州人，官至明朝兵部尚书。他是当之无愧的千古名臣，是实至名归的清官楷模，

更是挽狂澜之即倒、扶大厦之将倾的救时良将。

他的一生，恰如他吟诵的那首流传千古的《石灰吟》一般：“千锤万凿出深山，烈火焚烧若等闲。粉身碎骨浑不怕，要留清白在人间。”

1. 一身正气，肝胆乾坤

于谦出身于书香门第，自幼敏而好学，23 岁便已高中进士，不久后便被任命为御史。

宣德元年（1426 年），明成祖朱棣的次子，汉王朱高煦觊觎皇位，起兵叛乱。刚刚继位的明宣宗御驾亲征，于谦以御史的身份随行出征。

当时的明朝，国力鼎盛，将士奋勇，再加上皇帝亲征，因此，叛乱很快被平定。按照惯例，这出“闹剧”的最后一幕，应该是皇帝派大臣细数叛贼的罪行，然后论罪处决。

作为随行出征的御史，于谦理所当然地成为了那位数落叛贼的臣子。事先绝对没有人会想到，这一次平叛的落幕表演，竟然成为于谦这个初涉官场的后生的独角戏。

面对在叛乱中流离失所的黎民百姓，面对在叛乱中英勇牺牲的将领士兵，一身正气的于谦痛心疾首，一上来就将朱高煦“臭骂”一通，声音之洪亮、言辞之激烈、心情之悲愤，当场就把朱高煦训得俯首认罪、磕头求饶。

其言辞，非一身正气之人不可言说；其语气，非肝胆乾坤之辈可以想象；其凛然正义，怯懦畏缩之徒不可与之比拟；其浩然正气，奸佞宵小之辈无法与之企及；其清廉之品性、洁爱之德行，哪怕一丝一毫，皆非沆瀣一气之贪官、贪慕虚荣之奸臣可承受，亦是心系百姓之官员、志报家国之臣民需继承的千古美德。

看到此情此景，在场的所有人，包括明宣宗在内，都在吃惊之余，对于谦产生了深刻的印象。从此，于谦平步青云，在短短五年之后，明宣宗便亲自任命他为兵部右侍郎，并派他巡抚山西、河南等地。

年仅 32 岁便已是三品大员，于谦的升迁速度，可谓神速。对此，朝中不少大臣都颇有微词，甚至直接当着于谦的“举荐人”——杨士奇的面表达不满。

作为当时的三朝元老、台阁重臣，杨士奇对众人的不满只是一笑置之，说我之所以提拔于谦，绝不是徇私，而是因为于谦清正廉洁、才能卓越，是不可多得的人才，将来必为国家栋梁。

当时的于谦，已经因为清正廉洁之名，得到了朝廷元老的赏识和器重。

2. 两袖清风，不贪不贿

于谦的仕途，前期确实一帆风顺，但是，随着“三杨”——杨士奇、杨荣、杨溥等元老重臣逐渐退出权力中心，于谦的仕途也开始出现波折。

于谦巡抚山西、河南等地的时间长达十九年，其间他兢兢业业，勤于政务，为民请命、为民申冤。更难能可贵的是，于谦虽然身居高位、手握重权，但是，他却从不以权谋私，更不贪赃枉法，清廉之名，天下皆知。

于谦清廉，不贪污、不受贿；同时，他又洁身自爱，所以他不送礼、不行贿。有一次，于谦两手空空地回京述职，同僚拦住他，说其他官员回京的时候都带着礼物，您虽然清廉，不屑于送礼送钱，但好歹带上一些土特产吧。

于谦倒是爽快，直接挥了挥衣袖，回答道：“我带着两袖清风就够了。”

说话间，于谦还作了一首诗，明其清廉之志，诗曰：“绢帕蘑菇及线香，本资民用反为殃。清风两袖朝天去，免得闾阎话短长。”于谦不知道的是，他的这首诗，后来广为流传，并延伸出了一个专门形容官员清正廉洁的成语——两袖清风。

“三杨”执政的时候，于谦这么做，朝廷倒是没人为难他。但是，“三杨”去世后，朝廷里执掌大权的人，却换成了王振。此人是宦官出身，贪赃枉法、作威作福，不仅公然收受贿赂，而且还罗织罪名，随意贬惩那些“不识相”的官员。

朝中官员敢怒不敢言，要么明哲保身，要么委曲求全，更有甚者，居然主动献上金银，以求升迁提拔。据说，每逢朝会的时候，任何官员若想进见王振，最低标准都要进献纳白银百两；若能献白银千两，王振才会设宴款待。

清正廉洁、从不送礼的于谦，碰上王振这个贪赃枉法、不可一世的奸臣，下场可想而知。早就看于谦不顺眼的王振，趁于谦回京述职的时候，随便找了个理由弹劾于谦，并将其逮捕入狱。

听说于谦入狱，甚至可能被判处死刑，天下百姓哗然，联名上书请愿。朝廷里，部分正直的官员也不忍于谦枉死，纷纷为他求情。王振完全没想到，于谦的声望竟然这么高，迫于压力，只能释放于谦，并将死刑改判为降职。

虽然于谦遭此无妄之灾，但是，从此以后，清正廉洁、不畏权贵的于谦，更是美名远播。而大难不死的他，出狱后不仅没有被强权压垮，而且还愈发坚定了执政为民、清廉奉公的原则。

3. 清正廉洁，清名永存

32 岁的时候，于谦已经官居三品。19 年的地方官生涯，于谦虽然政绩斐然，声望日隆，但是，因为王振的刁难，于谦不升反降。

到于谦 50 岁的时候，也就是正统十三年（1448 年），于谦又被召入京城，任兵部侍郎，算是官复原职。对此，王振虽然还在掌权，但却没敢再有异议，因为经过上次的事情后，王振已经深深地明白了一个道理——他这样的贪官，惹不起于谦这样的清官，因为清官是民心所向，是众望所归。

于谦虽然官复原职，但终究只是三品的兵部侍郎。照此下去，于谦在退休之前，应该能成为六部尚书之一，虽然也算身居高位，但也仅止于此。

但是，正统十四年（1449 年）发生的土木堡之变，却彻底改变了他的命运。

七月，蒙古瓦剌部率军进范，王振蛊惑圣心，英宗轻率出征，最终在土木堡大败，损兵折将的同时，明英宗也被瓦剌军俘虏。

堂堂的一国之君，堂堂的全军统帅，竟然被敌军俘虏，终明一朝，仅此一例，实乃奇耻大辱。一时间，朝野震惊、民心惶然，明朝到了最危险的边缘。

面对汹汹而来的瓦剌军，群龙无首的明朝廷陷入了混乱之中。很快，群臣便分为了泾渭分明的三派：一派主战，坚守京师，决一死战；一派主和，割地赔款，赎回英宗；还有一派，竟然是主张逃跑，也就是放弃京师，逃往南京，暂避锋芒。

国难当头，三派却争吵不休。面对如此乱局，于谦知道，他应该站出来，他必须站出来，为了延续国祚，为了安抚百姓，为了他从小就写在书斋、记在心头的那个崇高的理想——殉国忘身，舍生取义。

关键时刻，于谦力排众议，支持坚守京师，决一死战。对此，主和派和主逃派纷纷攻讦于谦。但是，痛陈厉害的时候，于谦言辞激烈；面对质疑的时候，他又怡然不惧。

于谦怒吼道："京师乃国之根本，若像宋朝南渡一样，放弃京师，退守南京，那么，大明恐将失去半壁江山。因此，必须坚守京师，决一死战，而建议南迁之人，实在该杀！"

于谦的怒吼，唤醒了那些方寸大乱、犹豫不决的大臣，一时间，群臣响应，支持于谦，而当时监国的郕王，不仅站在了于谦这边，而且还将防守京师的重任交给了他。

坚守京师，为国死战，这是一种无比崇高的荣誉，同时也是一项无比艰巨的任务。

既然挑起了如此重担，那么，他就必须成功，因为一旦失败，万事皆休。于谦知道，这个时候，他不能退缩，更不能迟疑，他要用一身正气，去唤醒满朝文武，去激励满城将士。

在于谦的浩然正气的感染下，在满朝文武众志成城之中，在京师将士舍生忘死的保卫下，京师保卫战最终告捷，蒙古瓦剌军被迫撤退。至此，于谦完成了他人生中最艰难的任务，实现了他生命中最崇高的理想。

不贪污、不腐败，是为“清”；不送礼、不贿赂，是为“洁”；为民请命、为民申冤，是为“廉”；宁正而毙，不苟而全，是为“正”。清正廉洁，清廉为本，洁身自爱，正气长存。

于谦用数十年的官场生涯，完美地诠释了“清正廉洁”四个字。

最终，于谦没能逃过奸臣的迫害，但是，朝廷在抄没其家产时，却一无所获。讽刺的是，于谦死后，接替于谦的陈汝言，仅仅担任了一年的兵部尚书，被抄家时却积藏的赃银数万两。两相比较，于谦为官之清廉，可见一斑。

对此，甚至连下令处死于谦的明英宗，都曾感慨万分地自问道：“于谦在景泰年间得宠信，死去时却无余产，陈汝言为什么却有这么多。”

所以说，像于谦这样的清官能臣，就算被奸臣迫害，也绝不会被其侮辱。数年后，于谦沉冤得雪，被追谥为光禄大夫、柱国、太傅，死后亦荣耀加身，正应了他的那句诗：“粉身碎骨浑不怕，要留清白在人间。”

这就是于谦，清廉为本、洁身自爱的清官能臣，保家卫国、正气长存的民族英雄。

于成龙：公正无私，上无愧于天理，下无愧于良心

于成龙（1617 年－1684 年），字北溟，山西永宁州（今山西方山）人。康熙曾当面褒奖他为“今时清官第一”，后世百姓也赞誉他为“天下廉吏第一”。

他的一生，颇为传奇，流传下了许多脍炙人口的判案故事、捕盗故事，上自皇帝，下至百姓，都对他敬仰有加。此外，其清正廉洁的故事，更为后人津津乐道。对于这位被民间传颂为“于青天”的清官楷模，或许

只有他亲口说的那句话，才最能表现他的为官原则：“绝不以温饱为志，誓勿昧天理良心。”

1. 官员之幸，百姓之福

于成龙的生平，可谓坎坷。他生于明朝万历年间，在崇祯十二年(1639 年) 时乡试中榜，成了一位贡生。但是，还没等他有机会参加进士考试，明朝已经日薄西山，最终灭亡。

1644 年，闯王李自成攻陷京师，明朝灭亡；仅仅几个月后，吴三桂引清兵入关，并在山海关外击败李自成，大清铁骑入主中原，江山易主。

可以说，于成龙在青年时，亲眼目睹了农民起义的战乱；中年时，他又亲身经历了国破家亡的悲惨；到了不惑之年，他又遭遇了怀才不遇的窘迫。直到他四十五岁时，饱经忧患的他才被清廷委任为一个七品知县。也正是因为于成龙亲身经历过底层社会的坎坷和磨砺，才最终成就了那位清廉正直、刚正不阿的“于青天”。

于成龙将要上任的地方，远在广西罗城。当时广西一带战乱刚刚平息，罗城县在顺治十六年，也就是于成龙上任前一年，才纳入清朝版图。

这一年多的时间，清廷曾先后派遣了两任知县过去，第一位被杀，第二位则忍受不了蛮荒的凄苦，直接弃官逃走。对于如此恶劣的环境和凄苦的生活，于成龙毫不在乎，欣然上任，成为了罗城县第三任知县。

广西的战乱虽然刚刚平息，但是，各地盗匪却依旧不绝。因此，于成龙上任后，重点解决了两大问题，一个是用霹雳手段，清剿盗贼，维护社会治安；另一个则是用菩萨心肠，鼓励农桑，恢复农业生产，维系官民关系。

而在征收赋税的时候，于成龙更是心系百姓、清正廉洁，宁可自己过得苦，也不贪污百姓一分钱。

对于赋税的征收，当时官府存在许多弊端。原本朝廷的政策是轻徭薄赋，与民休息，但是，地方官俸禄微薄，为了“拓宽财路”，地方上往往会形成各种不成文的规定，比如以熔铸银锭要损耗等理由，向老百姓加收一笔数量不定的“火耗”银。或者在征收赋税时，在砝码升斗上做手脚，尽量多收一点。

对此，于成龙的态度非常严肃认真，完全遵守朝廷法令，足秤足码，绝不加收一丝一毫。为了防止差役暗中取利，他更是亲自征收，老百姓直接把银钱交到于成龙手里，于成龙则直接把收据写好发给百姓。

百姓们看在眼里，记在心里，感恩的同时，亦不忘报恩。百姓们知道于成龙的生活十分清苦，为了帮助他“改善伙食”，大家在缴纳钱粮时，都会不约而同地多带几个铜钱，顺手放到于成龙的桌案上。

起初于成龙并没有留心这些小动作，等他发现后问起来，百姓们便回答说：“您的生活一向清苦，不比我们好多少。这几个铜钱是罗城百姓对您的感激之情，您千万要收下！”

虽然知道百姓们是出自真心，绝不是贿赂讨好，但是，于成龙无论如何也不愿意多收百姓一分一毫。官民之间能够如此融洽和谐，既是官员之幸，又是百姓之福。

2. 心系百姓，拒绝摊派

于成龙担任罗城知县的时间长达七年，其间，他政绩斐然，威望颇高，不仅深受百姓爱戴，而且也受到了上级的赏识。广西巡抚金光祖曾有意将于成龙调往桂林，但是，罗城百姓舍不得于成龙这个大清官，于是联名请愿，请求让于成龙留任。

对于广西巡抚的“变相”提拔，于成龙感念于心，但是，对罗城百姓的诚心挽留，他更是由衷的开心。因此，于成龙选择了留任，这个选择，看似“愚蠢”，其实正与他清廉为民的理想不谋而合。

七年之后，声名远播的于成龙，得到了一个清朝地方官员最为珍贵的荣誉，并被提拔为合州知州。临行时，罗城百姓成群结队为其送行，场面之壮观，甚为罕见。

到合州上任后，于成龙不改清正廉洁之风，简化衙门事务，裁撤多余差役，取消轿夫车夫，拒绝上司摊派，减免了对过往官吏的接待，各项政令务求节俭，此皆心系百姓、与民生息之计。

而在拒绝摊派的事情上，于成龙的清廉爱民之风，更是彰显得淋漓尽致。有一次，重庆知府曾摊派给于成龙一个进献鲜鱼的任务。于成龙知道，如果为了取悦重庆知府而将任务摊派给合州百姓，那么，本就生活艰苦的百姓只会更加的苦不堪言。

考虑到这里，于成龙决定，宁愿得罪上级，也不愿加重百姓负担。于是，于成龙亲自写信，先是向重庆知府说明合州的艰苦情况，然后请求他以后不要再摊派类似的任务，不然只会加重百姓的负担。

作为地方上的父母官，于成龙能够处处为百姓着想，宁愿自己清苦，也不愿贪污百姓钱粮；宁可得罪上级，也不愿加重百姓负担。如此清廉为民的官员，难怪连康熙皇帝听说后，都会不吝言辞地褒奖。

3. 救济百姓，糠粥度日

康熙八年（1669 年），于成龙从合州知州升任为湖广黄州府同知。两年后，黄州发生了大灾荒，百姓无米下炊。

为了避免百姓死于饥荒，于成龙一边发出“勿使一民饿死”的号召，一边开仓粜米，赈济灾民。同时，他不辞辛劳，四处奔走，为了劝谕富豪人家慷慨解囊，赈济灾民，于成龙以身作则，把自己节约出的银子捐献出来，买谷买米，救济穷人。

据说，当时有一位姓周的世家子弟，家道中落，生活艰难。灾荒开始后，他家中更是彻底断粮，老婆孩子啼饥不已。但是，周姓的人碍于身份，拉不下脸去外面乞讨。得知此事后，于成龙担心他家的妻儿，于是买了两石稻谷，派人送过去，算是解了周家的燃眉之急。

还有一户人家，原先也是有身份的，家里用着仆人。这年饥荒，主人没钱买米了，就逼着仆人出钱为自己赎身。但是，当时大家都揭不开锅，更别说赎身的银子了。仆人砸锅卖铁才凑了一半的钱，另一半却实在拿不出了。

主人急于用钱，竟将仆人告到了官府。于成龙接案后，虽然不齿于那家主人的行为，但也体谅他的无奈。最后，于成龙干脆自掏腰包，帮那个仆人偿还了赎身钱，也算是帮助那家主人度过荒年。

当然，于成龙虽然大小是个五品的官，但是，年俸却也只有八十两银子，实在维系不了他的乐善好施。于是，在饥荒最严重的那些天，于成龙竟也落了个没米下锅的惨景。

无奈之下，于成龙只能每天吃“糠粥”，也就是把糠皮和着稀饭充饥。虽然于成龙一向节俭，苦日子也过了不少，但是，一个堂堂的五品官员，宁愿糠粥度日，也要救济百姓；宁可苦了自己，也不愿贪污钱粮。

如此清廉之官，难怪会被康熙褒奖为“今时清官第一”，难怪能被后人赞誉为“天下廉吏第一”。为官如此，真应了于成龙那句：“绝不以温饱为志，誓勿昧天理良心。”

域外经验

美国道德办公室如何监管公务员

美国联邦政府道德办公室（Office of Government Ethics－OGE）简称“道德办”，掌握着组织内官员的去留，是一个不足 80 人的机构，与联邦调查局属于同一级别，是庞大的美国联邦政府中最小的部门之一。然而正是这个与联邦调查局同级别的小部门，塑造着 400 多万美国联邦政府官员及雇员的行为规范，被称为“制约腐败的达摩克利斯之剑”。而道德办一年一度对 30 多万联邦政府官员财产审核，也被视为对官员的廉政测试。

1. 政府道德办：强化从内到外的监管

美国联邦政府道德办主要是一个重在预防贪污的政府机构，从事的制定准则、培训教育、审核财产申报报告均是着眼于防止腐败的发生。归道德办管辖的包括政府130多个部门的400多万政府雇员，其中包括总统、副总统、各部部长等达官显贵。2011年出版的《行政部门雇员道德行为准则》，这是行政部门入职雇员的“必读教材”。该准则最早颁布于1992年，在利益冲突、礼物、滥用职权、兼职、职外活动等方面做了详细规定，并附有大量实例。该准则开宗明义地指出：“公共服务是一种公众的信任。每个雇员对美国政府和公民负责，把对宪法、法律和道德规范的忠诚置于个人利益之上。”

《行政部门雇员道德行为准则》中有大量细致的、可操作的规定，如官员可以每次从一个来源接受未曾索取的、总的市场价值不超过20美元的礼物，但从任何一个来源获得的单项礼物总市场价值每年不得超过50美元。为了增强官员对条文的理解，这些规定后还附上典型案例。在接受礼物这条规定后，准则举例称，国防部某官员受美国制图者协会的邀请发表演讲，演讲结束后协会赠送其一幅装框的地图（市场价值为18美元）和一本书（15美元）。官员只能接受其中一样，如果接受两样就违反了规定。

2. 不申报财产就不能任政府要职

公开财产申报在高级官员的任命过程中发挥第一道关口作用。新任总统提名的内阁成员候选人必须首先向OGE提供公开财产申报表，一旦发现某种潜在的利益冲突，如能源部长候选人拥有某大型石油公司的股份等，这位候选人就将面临两种选择：一是签署道德协议，承诺立即采取措施解决利益冲突；二是如候选人不愿承诺处置有关个人资产，即意味着其提名审核过程的终止。

秘密财产申报则针对联邦行政部门中职务不高、但处于关键岗位且涉及许多独立决策过程的雇员，如涉及设备采购、许可证发放等工作岗位的人员。他们的财产情况虽不需像“政治任命”的高级官员那样在网络上公开，但 OGE 会对于这些人的财产申报情况进行严格审核，以预防潜在的利益冲突。

该办公室还负责监管和审查约 35 万名官员的财产申报报告。据称这些报告通过与否，通常决定着官员的去留。另外，许多涉及公私利益冲突的事，官员事先也得通知道德办。道德办的“权力”没人敢忽视。比如一所大学希望给劳工部部长一个荣誉学位，部长可以接受，但需经道德办书面确认，学位的授予不会使部长不公正地处理关于该大学的事务。如果发生隐瞒欺骗的情况，当事人将被追究刑事责任。对拒不申报、漏报、无故拖延申报财产者，司法部可对其提起诉讼，法院可判处 1 万美元以下的罚款；对故意提供虚假信息的官员，可提起刑事诉讼，判处最高 25 万美元的罚款或 5 年监禁。

3. **多种培训贯彻道德法规**

为了让所有官员了解和重视这些规定，道德办对新录用政府公务员，无论级别高低，都必须接受培训。特别是对需要进行财产申报的官员，每年还得进行一对一而且面对面的培训。为了让政府雇员人人熟悉道德法规，并将其融入日常工作中，OGE 制定了两级培训体系：OGE 负责对各部门道德官员进行培训，各部门道德办公室负责本部门雇员的培训。其中道德官员在确保本部门员工遵守道德法规方面，发挥着重要的基础作用。

由于道德官员多为兼职，为确保他们具备执行廉政项目所需的知识，OGE 通过面授、提供培训教材、年度会议等方式，向部门道德官员提供培训和教育。近年来，OGE 还加强了对道德官员的网上培训，并设计一些培训材料，供部门道德官员培训本部门员工使用。而《行为准则》是新入职雇员的必读教材，因为该准则是预防官员陷入利益冲突的关键因素。

OGE 还会将每年发现的违规案例编入培训内容。例如近年来，随着大量承包商参与政府部门的工作，且数量有增无减。如何与承包人打交道，避免政府官员陷入利益冲突，成为近年来OGE关注的重点。为此，OGE设计了《与承包人一起工作：你应该了解的知识》的培训内容，政府雇员可以在网上获得培训内容，随时学习。此外，OGE和各部门道德官员的一个重要职责是咨询。如果政府雇员拿不准自己的行为是否存在利益冲突，应立即向本部门道德官员咨询，而不应假定自己属于例外情况，结果触犯利益冲突刑法，给自己带来严重后果。OGE最新推出的一份培训材料就名为《要么接受建议，要么付出代价》。

4. **模范项目助推廉政建设**

在政府行政部门廉政文化建设上，OGE和各部门廉政道德办公室建立了伙伴关系。基本上每隔4年，OGE就对各部门执行道德法规的情况进行审核，内容包括：部门从事道德法规工作的人员是否足够；廉政道德官员是否很好地行使职责；部门是否很好地将《行为准则》融入本部门工作实践。如果审核中发现问题，则发出限期整改令。为了让各部门领导更好地重视廉政道德培训，从2005财年起，OGE每年都要在行政部门雇员中就本部门领导是否重视廉政工作进行调查。在此基础上，每隔18个月，OGE和各部门的监察长以及政府透明办公室合作，评选模范廉政项目，鼓励那些在部门廉政建设中具有创造性的做法。

这些模范项目包括：把《行为准则》制成道德日历；将部门道德官员与部门首长的谈话制成幻灯片作为本部门的培训内容；编写与廉政相关的咨询邮件，定期发送给部门所有职员。这种定期发送的廉政道德信息及时指出雇员工作中可能涉及的道德和利益冲突问题，并在一些重要日子，提醒雇员注意节日期间收受礼品的规定等。部门间的道德官员还成立了跨部门道德委员会这一非正式组织，一般每月的第一个星期一的中午定期聚会，就培训技巧、网上发布道德自律信息、旅游规定、对承包人的管理、如何提供建议等进行讨论，交流情况，分享经验。

道德办公室的工作程序。任何个人，包括众议院道德办公室的领导小组成员和工作人员，都可以向道德办公室提交关于现任众议员、众议院官员、议员助手不端行为的信息。在收到指控信息并确定对该行为有管辖权后，道德办公室可依法收集相关信息和证据，启动正式工作程序。

芬兰：为什么成为世界上最廉政的国家

芬兰政府官员和公务员滥用职权、以权谋私的现象极为少见。全国各地法院每年受理的行贿受贿案件不足10起，而且几乎没有大案。芬兰因此被公认为世界上最廉洁的国家。

在芬兰，贪污受贿、侵吞社会财富等行为如同偷盗抢劫一样，被视为卑鄙肮脏的不义之举。人们不愿投机取巧、通过歪门邪道达到自己的目的，而是习惯于通过脚踏实地的劳动和艰苦的努力去创造和获得财富。

1. 道德自律是最好约束

芬兰最高检察院总检察长马蒂·库西迈基认为，公民的自律是防止腐败最有效的手段。芬兰腐败案件少与公民普遍较高的道德水准以及民族的历史传统有着密切关系。长期以来，在北欧严酷自然环境中得以生存的芬兰人形成了特有的民族性格：坚忍不拔、内向自律、善良宽容、诚信忠厚。人们在公共场所遗失的衣物几乎不会被别人拿走，而且会被放在明显之处等待失主自己来寻认。芬兰人说话算数守信用，朋友之间相互信赖的程度相当高，在口头上达成的君子协议如同正式签订的合同一样有效，使许多事情动作起来既简单又高效。

芬兰公民的道德素质应归功于良好的教育环境。儿童在初级学校就学习社会学课程，在高中则开始学习法律知识。这样，青年人在步入社会之前就已具备基本的法律知识和遵纪守法的观念。

2. **健全和完善的法律制度体系**

芬兰有一套经过长期实践而形成的严格的法律、法规。公务员法和刑事法明确规定，政府官员不得接受贿赂，绝对禁止公务员利用职权谋取任何好处，否则将以受贿罪被处以罚款直至被判徒刑。向公务员和社会团体工作人员行贿者如获得好处，根据情节轻重也将被处以罚款直至被判徒刑。所有行贿受贿的钱物无论数额大小，一经发现一律要上交国家。

芬兰法律不仅禁止工商界人士在国内的经营活动中行贿和受贿，同时禁止其在国外通过行贿来促进产品出口。芬兰公司在接待客户时，通常只向客人赠送价值不高的小纪念品，这样既可避免客人涉嫌受贿，自己也不会因行贿而违法。

透明和公开是芬兰政府工作的一个重要原则。公共部门的一切都要公开，接受市民和媒体的监督。政府档案馆以及公共部门的所有档案材料不仅对专家和研究人员开放，而且也对新闻界和公众开放。公民在需要时可以通过这一途径了解政府部门的有关情况，从而有效地防止政府部门产生腐败现象。

社会的透明程度也很高，任何人都不能开匿名账户，税收当局有权了解全国所有账户的情况。每个公民和团体的收入及财产（资产）每年都要在纳税表上加以公布，任何人都可以到税务局询问和查实某人或某团体的收入及财产情况。

芬兰人热情好客，民间互相请客送礼也是人之常情。但是对芬兰的公务员来说，受礼和吃请绝对是天大的事，人际交往必须谨守分寸，法律管束十分严格，甚至到了苛刻的地步，一不小心就把前途和事业搭了进去。

芬兰的法律规定，公务员不能接受价值较高的礼品，而他们对价值较高还有细化的定义：根据物价指数调整，一般在 20 欧元左右。而如果是公务接待，也就是出于公务应酬的需要公款请客，上至总理下至普通的科员，一起吃饭的有些什么人，点了什么菜，花了多少钱，都要巨细无遗地在网上开列清单，人人可以看得到，件件能够查得清，一切摊在阳光下。

媒体发现问题可以曝光，公众发现问题可以举报、起诉。

法律不仅细化可操作，更重要的是法律非常严肃，你绝对不能当它是摆设。芬兰就曾有中央银行行长级的高官，在公务接待中一不小心上了一道鹅肝，传媒上网查阅菜单后曝了光，行长为了这道鹅肝而下台！

为了管住公务员使用公车，芬兰政府曾设计了一套监控系统。公车上装有两个按钮的发射器：一个刻有公务字样，另一个刻着私事字样。如果是私事，就要照章纳税。公务员用车需要事先向政府办公部门申请并讲明去向，上车时还要分情况按下按钮，让监控中心收到信号具体掌握公车一路的行踪。如果按下了公务按钮，而汽车实际行驶的方向不对头，车上的无线电话就响了，监督人员会打来电话询问和提醒开车者……令人感慨的是，这个监控系统在芬兰装了近5年，竟然没抓到哪怕一个违规者。不是因为系统不灵光，而是公务员实在是太守规矩了，政府试了几年后发现多此一举，干脆把系统都拆了。

公务员如果有需要出差的话，有专门的部门安排好交通和旅店。政府对出差的审批相当严格，想出趟差也不太容易。不过一旦获准，出差在外面的食宿不会差，但是一般的原则是在出差地要尽量搭公共汽车。出差的补助每天有定额，政府做得更绝的是：如果出差少于一天，就要按小时来发放补助。想要趁出差之机逛旅游景点？自己掏钱吧。政府的补助可没有多给一分钱。

有人不无幽默地评论芬兰说："如此富裕的国家，财力丰沛的政府，饭不让多吃，礼不让多收，车不让私开，玩不让尽兴……比周扒皮还过分，像吝啬鬼那样的小气，时时刻刻提防公务员贪贿腐化、滥权渎职，真是令人叹为观止。"

3. 政府、媒体和公众的公开监督

芬兰的违法案件少，各种行之有效的监督机制也起着重要作用。芬兰对公职人员的监督主要体现在政府监督、新闻舆论监督和公众监督3个方面。

政府司法总监和议会督察员是芬兰国家和政府机构中的最高监察官，一般由著名法学家担任。其主要工作是依据宪法监督总统、内阁成员以及政府其他官员是否遵守法律，履行职责。

根据宪法规定，政府司法总监有权出席内阁会议，监督总统和政府所做出的决定是否合法，同时对政府各级官员进行监督，并有权随时要求政府官员对自己的行为作出解释。司法总监还接受和审理普通公民、团体对官员及公务员的举报，对官员的不当行为提出警告，对严重违法的官员进行起诉。司法总监还可以根据舆论和媒体透露的有关情况立案调查。

新闻媒体对政府官员的监督起着不可忽视的作用。由于芬兰国家小，发生一点小事就很容易被新闻界抓住。如果政府官员有不体面的事被媒体曝光，他就会威信扫地甚至被起诉。例如，2002 年 5 月芬兰《晚报》披露，文化部长苏维·林登利用职务之便批准向一家高尔夫公司提供 17 万欧元的政府赞助，而她和她的丈夫及其数位亲属都在该公司拥有股份。政府司法总监帕沃·尼库拉闻讯立即责成有关部门进行调查。一周之内，林登便被迫辞职。

在芬兰，官员的行为皆在公众的监督之下，任何公民都有权自由地检举和揭发违法的政府官员。芬兰政府为公民提供了各种机会，让每一个人都可以对政府官员的工作进行监督。任何人发现政府官员有渎职行为都可向警方告发或向其上司检举，甚至可以直接向法院起诉。另外，国家在采购物资和进行工程项目时尽可能公开招标，使行贿受贿的可能减小到最低限度。

现实样板

英雄模范刘金国：两袖清风的忠诚卫士

1. 两袖清风的忠诚卫士

有人说，领导干部一旦坐上领导的位子，就走到了人生的重要关口，腐朽的、邪恶的、颓废的势力就会用力将你向内拽，正义的、善良的、进步的力量在把你向外拉。能够两脚站稳，才能够避免走上腐败之路。

他从河北昌黎到山海关，从秦皇岛到石家庄，一直到北京，工作岗位、环境、职位发生多次变化，30 多年的官场并没让他产生丝毫贪念。

他从一个民兵连副连长，升任到公安部副部长、纪委书记、党委委员、督察长，他经受住了“糖衣炮弹”的诱惑。

他清廉公正，甚至有些不近人情。不了解他的人，会说他难以亲近，而在接触过他的人眼里，他热情、一身正气。

他就是农民的儿子、党的忠诚卫士刘金国。

2. 生活里的“苦行僧”

什么是苦？有的人说没钱的日子就是苦，贪官则说有权不贪就是苦。而对于刘金国来讲，没钱不是苦，腐败才会苦。

1995 年，刘金国调任河北省公安厅副厅长，接待这位新任副厅长的人本以为会是“大车小车”拉家当，可万万没想到，这位副厅长的全部家当竟然是半卡车旧家具和一台黑白电视机，车上甚至还有蜂窝煤和大白菜。

按照政策，厅里会分给他一套住房，可是却需要缴纳4.6万元的集资款。刘金国从没被什么事情难倒过，可这4.6万元的集资款却让他很为难。最后，没有办法，刘金国不得不从银行贷款，才将其交齐。

刘金国不重视吃、不注重住，更不注重穿衣服。在调任公安部副部长后，为了出席一些重要场合，刘金国在亲人劝说下才买了一套2000块钱的西装，而这套西服却成了他的奢侈品；跟随刘金国的秘书说："现在身上穿的大衣是十年前买的，穿的裤子全是发的警服……"

有的人对刘金国说："何必让自己过得这么苦?"

刘金国的回答则是："我是幸福的，应该给的党和人民都给了，没有任何理由再用手中权力去谋取任何个人私利，永远不能做对不起百姓的事情。"

有的人说刘金国是在"做样子"、"装清廉"，面对别人的怀疑，刘金国说道："有人说我'装'，那我就'装'到死。咱们共产党人都'装到死'，不就成真的了吗?!"

3. 一片茶叶也不收

很多官员认为，接受下级的请客吃饭是很正常的事情，也是很难避免的事情。可对于刘金国来讲，这是绝对不能接受的事情。

他从不接受吃请，也从不收礼，一包茶叶也不行。身为纪委书记，他铁骨铮铮惩治腐败。

为官30多年来，刘金国的廉洁有口皆碑。多数人认为，这个领导太不近人情。

因为，刘金国廉洁得纯粹而决绝。

很多时候，刘金国实在推不走别人的礼品，他就会再买一份一并还回去。

刘金国到基层走访从来不打招呼，出差到外地，也从不让地方领导接送。于是，有的地方领导将车偷偷开到车站边，却硬是不敢下车；而有的地方领导偷偷收集他的照片，让检查站和派出所工作人员提前熟悉……

即便如此，刘金国还是会嘱托秘书，跟地方的官员解释，不要接送，不要宴请，不要安排大房间。就连刘金国参加会议的纪念品，他也会吩咐秘书一律退给会务组。

对于这样一片茶叶都不收的领导，腐败势力怎么入侵？刘金国正是用自己的一身正气来抵挡不正之风。

4. 跟亲人有关的都叫“私”

刘金国出生在河北昌黎的一个小村庄，家中兄弟姐妹 6 人，刘金国上面有个姐姐，下面有两个弟弟和两个妹妹。两个弟弟一直在小港村务农，一个姐姐和两个妹妹都已嫁到外村，也在务农。

有人说刘金国当了大官，应该为兄弟姐妹某个好出路，而刘金国却从来没这样想过。

担任领导职务 30 多年，刘金国的爱人却一直是临时工；他亲手审批过将近 20 万个“农转非”的指标，可是自己的 38 个亲属，却无一跳出“农门”。

刘金国说：“我是公家的人，跟亲人有关的事情都叫做‘私’”。

也有人劝他：人情社会，廉洁把握点度就行了。

刘金国却严肃地问道：“你说什么是度？收一瓶酒可以还是两瓶酒可以？只能是完全堵住，不留一点口子、一点缝隙。”

正是这份坚守纯粹的廉洁，疾恶如仇、刚直不阿的工作态度，让刘金国这个公安部纪委书记、督察长做得响当当。

5. “四大纪律”预防腐败

刘金国作为纪委书记，他从心底里痛恨腐败，当然，他很清楚，惩处腐败的关键是预防腐败。

近几年来，公安部先后出台了《公安机关人民警察纪律条令》，部属局级单位主要负责人向纪委全委会述廉制度、“金盾工程”建设监督制度、廉政风险防控制度等方针，在全警广泛开展廉政警示教育活动，在公安机关内外引起强烈反响。刘金国希望通过这一系列的政策方针，能够加强党员纪律性。

不仅如此，刘金国也曾经要求公安部纪委制定一个纪检干部自身建设的纪律要求。当纪委的同志几易其稿递交到他手上时，他并不满意，直接在一张纸上写下四条：不枉纪枉法，不干预办案，不泄露案情，不吃请受礼。

看似简单的 20 个字，却真正表明了刘金国的廉政之心、防腐败之心。

“因为他自己可以做到清正廉洁、一身正气，所以他敢抓敢管，提出的要求，大家都服。实际上，这才是对干部真正的爱护。”公安部纪委一位干部这样说道。

6. 干部典范：一身正气，只通“大人情”

无论官职大小、环境变化，刘金国都能做到两袖清风，一身正气，究竟是什么让他拥有如此定力呢？

或许答案就是他心目中的“大人情”。

这种人情，不仅是对干部同事的真正关爱，更是对百姓疾苦的关心，是对人民群众的大爱。

有一次刘金国出差途中路过加油站，得知一个工作人员被某领导的司机寻衅打伤，刘金国气得摔了桌子上的杯子，气愤地喊道：“他有什么资格这么肆无忌惮？”

后来，刘金国经过调查，硬是让肇事者赔礼又赔钱，还依法做出严肃处理。在他的眼里，百姓的事情就是“人情”。

为官 30 多年，刘金国廉洁得绝对，甚至不近人情。其实，在他心中有爱，他以大爱保护干部职工，将“大人情”留给了人民群众。刘金国明白，作为领导干部只有做到“两袖清风”，才能正确行使公权力，才能真正得到百姓的信任，才能无愧于心的立于天地之间。

2012 年 2 月 3 日被评为“中国 2011 年度感动中国人物”。

“如有不廉洁、不公正、不负责、不作为的任何一点，定将主动辞职”，这是刘金国说的。作为官员的你，是否有这样的勇气作出如此的承诺？“两袖清风”并不是对领导干部的全部要求，但它是一种象征，更是一种境界和觉悟。同样为官的你，是否具有这种觉悟？面对时下形形色色的诱惑，同为领导干部的你不妨从“两袖清风”的刘金国身上，去寻求“我自横刀立马”的玄机。

“清贫的富翁”杨业功：军魂不死的神威将军

1. 倒下的是肉体，不朽的是精神

2005 年夏季是一个让人感动的季节。

8 月份，人民网、新华网和央视国际网 3 家重点新闻网站的“导弹司令杨业功”专题，在短短几日就被 130 多家网站转载，累计点击率高达 150 余万次，帖文超过 7000 条。

为什么一名军人牵动了全社会关注的目光？为什么一位将军震撼了无数普通的百姓？

再看看网友的评论：

“向为我国导弹事业作出伟大贡献的英雄们致敬。”

“英雄的姿态永远不会倒下，他会在人民心中腾飞。”

……

杨业功究竟是谁？他究竟有何作为，值得群众给予如此高的评价？

杨业功，第二炮兵某基地原司令员。他的两句话或许能够解答我们心中所有的疑惑

“一个人的欲望如果只是追求金钱，他便永远得不到满足；而得不到满足便永远不会快乐。我没有很多钱，但我也有很多钱买不到的东西。”

“天下虽安，忘战必危。军人不思打赢就是失职！”

身居高位、手握大权，却能够有如此觉悟和气魄，自然能够让百姓动容，让全中国的人民为之落泪。

2. 自曝家底的坦荡将军

无论是身居什么职位，都无人希望别人了解自己的家底，了解自己的收入。对于一个贪官来讲，他害怕人民知道自己有多少钱，而对于一个清官来讲，他可以坦言自己的收入和存款。

2003年，在部队领导述职报告时，杨业功便毫无遮掩的向机关干部亮出了自己的家底儿。

杨业功说：“我家四口人如今都拿工资，我的月收入有3000多元，家里月收入有6000多元，总存款是年年上升，现在已达到30万元，属于较高收入水平的小康家庭。”

先不说30万元是杨业功和家人多少年的积蓄，先说说他的职位。作为第二炮兵某基地司令员，作为执掌千军万马的大将军，他的30万元积蓄就让他满足。而这30万元还是全家四口人全部的积蓄。

显然，杨业功称得上真正的坦荡，称得上真正的清廉。试问，有多少官员能够做到呢？

3. 大门口的“携礼莫进”

有人说杨业功是严格的，而士兵却说将军是亲切的。每逢春节，将军都要到最偏远的连队和战士们一起扎彩门、贴对联、包饺子，和战士们一起唱军歌、谈心事。这样的将军，自然让士兵们敬重热爱。

将军家人曾经告诉去采访的记者：“将军不会享福，衣服破了补一补，一个搪瓷饭碗用了30多年。”如此节俭的将军，怎么能不感动百姓？

杨业功对自己小气，但他从来不吝啬钱财。他总是一次又一次从自己的工资里拿出几百、成千甚至上万元的钱，资助学校和贫困的孩子。

在这位将军的家门口，总是挂着四个大字“携礼莫进”，也不曾有一个人能带着一钱一物走进他的家门。

如果说杨业功是节俭的，但是他对贫困的孩子是大方的。杨业功用清廉的举动，告诉世人，高官更应严格要求自己。

4. 家属从不享受特殊待遇

如果仅仅是对自己要求严格，那么杨业功或许还不能称之为“清廉”。与他接触过的人都知道，他对待家人的要求也十分严格。

1998年，杨业功还是分管后勤的基地副司令员，当时，父亲因患白内障住进了基地医院，医院看到来的是领导的父亲，便提出要费用全免。杨业功得知后，坚决不同意，并找到医院负责人，对其说道：“我父亲不是军人，不该享受的待遇说啥也不成！”

医院实在拗不过杨业功，只好收下家属交来的4200元医疗费。谁知，杨业功还是不放心，他怕有人将发票拿走给报销了。当天晚上回到家中，他让妻子找出发票，当场撕毁。惹得妻子直埋怨：“老杨啊，这么多年了，难道你还不相信我吗？”

在杨业功的心中，不该享受的待遇是绝对不能享受的，否则就是腐败。

杨业功的儿子杨波涛入伍从军，杨业功再三叮嘱：“要到最艰苦的基层去，不要因为有我而谋求任何特殊关照。”杨波涛时刻记着父亲的话，也在按照父亲所要求的在做。

1999年的秋天，杨波涛准备回家休假，恰巧杨业功来到他所在的部队检查工作，在返回基地时，随行的人员提议，让杨波涛坐车一起回去，而杨业功却说：“他不能享受这个待遇！”最后，杨波涛还是买的火车票，坐火车回的家。

5. **“我没有任何特权”**

2004年，杨业功病重之后，也从未放松过对自己的要求。他在动手术之前，专门向家人、工作人员交代：“不管手术能否成功，基地任何单位、个人不得找医院的麻烦；任何单位不得以任何理由来看我，干好本职工作就是对我最大的安慰。”不仅如此，杨业功还要求家人，不得以任何理由收礼品、现金。

手术之后，杨业功按照部队安排，转入部队招待所进行后期治疗，招待所人员为了能够给将军补补身子，时常炖些鸡汤、鱼汤。谁知，在离开南京时，杨业功竟然拿出2000元交给招待所的所长说：“谢谢你们的照料，就算作我的伙食费吧。”

杨业功是一个从不占国家半点便宜的将军，一个从来不为自己牟私利的将军，而他却总是说“我是农民的儿子”。

杨业功出生在湖北的一个农村，小的时候家里很艰苦，也正是那段经历，让他保持了农民后代的勤俭本色。

他平时不抽烟、不喝酒，生活上从不讲究吃穿。他家的住房10多年来从未装修过。杨业功睡的床还是用4个大箱子拼成的，而这一睡就是30多年。家里的家具都是“老古董”，沙发用了十几年，小方桌上的油漆都已经脱落了。有人劝他换换家具、装修装修房子，他却执意不肯。

也有人对杨业功说，你都是将军了，什么权力没有。而杨业功却说：“当了将军，我还是农民的儿子；权力是人民赋予我的，我没有任何特权！”

6. **干部典范：权不在大，为公则灵**

杨业功，一位手握大权的将军，为何能够做到如此清廉？

也许杨业功的两句话能够告诉我们答案：“权不在大，为公则灵。斯是公仆，惟吾德馨。”

这是杨业功在1996年所作《公仆铭》中的两句话。在他当了将军之后，杨业功的地位高了，权力大了，但他对自己和家人的要求却更严了。

“你们不许干预我的工作，不许享受特权，不许收受任何钱物好处。”这是杨业功对家属和身边工作人员的“约法三章”。

一生廉洁自律，一身浩然正气，杨业功的事迹值得所有官员学习。如果每个官员都能够做到他这样清廉，那么，百姓的生活会更加富足与幸福。

杨业功入伍 40 多年来，他时刻不忘记军人的神圣职责和历史使命，时刻不忘奋发向上，争先创优。在走上基地领导工作岗位后，他更是殚精竭虑，忘我工作，拼搏进取，作出了突出成绩。因此，先后荣立二等功一次、三等功两次。2003 年当选为十届全国人大代表。2004 年 7 月因积劳成疾病逝，终年 59 岁。

胡锦涛指出，杨业功同志是新时期保持共产党员先进性的典范，是我军新型指挥员的杰出代表。杨业功被评为 2005 年“感动中国”人物。

有人说杨业功在军中是司令，在生活中却是“贫民”，在精神上却是“富翁”。同为官员的你是否能够像杨业功一样，做到清廉律己、坦荡为官？每个官员心中都应该有一个警戒线，这条警戒线能够避免你走上贪污纳贿的不归路。当你即将触碰这条警戒线时，不妨看看杨业功的事迹，时刻提醒自己，权力是人民赋予的。

知行合一

学习资源推荐

1. 《中华廉政文化读本》，王石主编，人民出版社
2. 《政治的尊严》，海容著，中国检察出版社
3. 纪录片《廉政公署》，中国新华电视控股有限公司

4. 专题片《廉政中国》，中纪委、监察部

5. 纪录片《中国共产党人廉洁颂》，湖南省华夏廉洁文化研究会等

我要行动

请思考研讨如下问题，结合实践写出自己的学习体会和行动计划。

* 警示反思：贪官的结局有多惨

* 思考启示："小官大腐案"频发的根源在哪里？

* 我要行动：反腐树廉，从我做起

参考文献

1.《党员干部要坚定正确的理想信念》，人民网，2011－04－19。

2. 陈莹峰：《强化党员干部理想信念教育思考》，中直党建网，2014－02－27。

3. [宋] 王安石：《王文公文集・上仁宗皇帝言事书》，上海：上海人民出版社，1974 年版。

4. [元] 脱脱：《宋史・王安石传：列传第八十六》，北京：中华书局，2011 年版。

5. [宋] 吕祖谦：《宋文鉴・辨奸论》，长春：吉林出版社，1970 年版。

6. 梁启超：《王安石传》，武汉：武汉出版社，2013 年版。

7. [汉] 司马迁：《史记・商君列传：卷六十八》，北京：中华书局，2009 年版。

8. [宋] 王安石：《临川先生文集・咏商鞅诗》，北京：中华书局，1959 年版。

9. 郑良树：《商鞅评传》，南京：南京大学出版社，2011 年版。

10. 闵坚学：《德国公务员监督管理的借鉴与思考》，中国纪检监察报。

11. 余仲华：《香港公务员管理的十大启示》，人事天地，2011 年第 11 期，总第 164 期。

12. 平安是福：《践行全心全意为人民服务的宗旨》，张家界在线，2014－04－11。

13.《坚持和实践全心全意为人民服务的宗旨》，光明日报，2001－07－03。

14. 邓佳：《群众路线之党员干部如何做到“为民服务”的心得体会》，中华励志网，2014－03－27。

15. 许圣元：《权为民所用，情为民所系，利为民所谋》，人民网，2011－09－26。

16. 曾琼容：《践行为人民服务的宗旨需发扬俯首甘为孺子牛的精神》，共产党员网，2013－09－18。

17. 陈丹：《好儿女感动八闽：全心工作好公仆林炳熙》，福建日报网，2009－08－25。

18. 黄建军：《为人民服务，原来是公民的权利》，新浪网，2010－11－18。

19. 我心依旧：《权利以为民服务，张家界在线》，2014－02－26。

20.《创新方法增强实效》，济南日报，2006－03－18。

21. 张文龙：《把为民服务的宗旨牢牢扎根在心里》，中国江苏网，2014－04－09。

22.《孟子·离娄上》，原文曰：“得天下有道，得其民，斯得天下矣。”

23. [唐] 李延寿：《北史·隋本纪》，北京：中华书局，1974 年版。

24. [元] 脱脱：《宋史：列传第八十六》，北京：中华书局，2011 年版。

25. 方健：《范仲淹评传》，南京：南京大学出版社，2001 年版。

26. 林语堂：《苏东坡传》，武汉：武汉出版社，2013 年版。

27. 张伟：《探析当代政府再造运动》，人民网，2006 年 10 月 24 日。

28.《外国一些政党塑造公众形象的主要做法》，当代世界，2011 年 5 月。

29. 张联营：《做人、做事与做官》，中国党建网，2010－06－29。

30. 吴祥荣：《转变作风勤政务实》，吴江日报，2008－09－11。

31. 孟耀辉、王刚刚：《加强调查研究 转变工作作风 树立勤政务实新形象》，2013－03－26。

32. 刘紫荣：《仰望星空与脚踏实地》，荆楚网消息，2010－05－10。

33. 《三论真改、真干：既有雄心壮志，又要脚踏实地》，河北新闻网，2013－06－30。

34. 李铭：《争做勤政务实的好干部》，苏州先锋网，2013－09－12。

35. 《全面加强党员干部队伍建设》，中国科尔沁网，2011－04－11。

36. 王伟华：《科学发展观是统领发展是第一要务》，天津日报，2007－06－06。

37. 《把科学发展写在特区旗帜上》，深圳特区报，2008－12－22。

38. 《媒体称领导干部应有底气 避免急功近利盲目跟风》，人民日报，2011－11－29。

39. 刘凤艳：《永远保持谦虚谨慎不骄不躁的作风》，新长征，2006(16)。

40. 《始终保持谦虚谨慎不骄不躁的作风》，党建研究，2003（03）。

41. ［宋］欧阳修：《新唐书·狄仁杰传：列传第四十》，长沙：岳麓出版社，1997年版。

42. 姜正成：《贞观良相》，北京：海潮出版社，2013年版。

43. 吕思勉：《唐朝大历史》，北京：北京联合出版公司，2012年版。

44. 《瑞士、瑞典公务员管理情况介绍》，中国财政部网站。

45. 闵坚学：《加拿大廉政建设注重“三管齐下”》，中国纪检监察报，2009－12－09。

46. 钟监研：《加拿大加强公共服务伦理规范建设》，中国纪检监察报，2010－05－10。

47. 周小锋：《党员干部要敢于担当》，中国反腐倡廉网，2012－11－12。

48. 李炜：《“勇于担当、会担当”是新形势下党员干部综合素质的体现》，中国共产党新闻网，2014－04－09。

49.《党员干部要敢于担当》，天涯论坛，2013－08－28。

50.《能担当 敢担当 善担当》，中国北车集团，2013－04－18。

51. 蒋渊民：《对县委“舍我其谁”精神的领悟》，双牌新闻网，2009－09－07。

52. 倪佳雯：《最需要敢闯敢干的干部》，东方网，2013－09－05。

53. 张荣文，李俭：《大事难事看担当》，人民日报，2006－07－31。

54. 徐银山：《常怀忧国忧民之心》，解放军报，2002－10－08。

55.《好干部应该敢于担当》，央视网，2013－08－08。

56. 禾火：《好干部要有敢于担当的精神》，中国经济新闻联播，2013－07－01。

57.《位卑未忘担当》，襄阳宣传网，2012－10－11。

58. 刘军：《心系群众，就是临危不惧挺身而出》，成都晚报，2014－05－19。

59.《敢于担当真作为》，梅城报，2013－03－23。

60.《事不避难敢于担当》，湖北日报，2012－02－22。

61.《党员干部要敢于担责》，潍坊日报，2012－09－19。

62.《江西官员水灾救援现场怕湿鞋让人背被免职》，齐鲁网，2014－06－23。

63.《大力倡导“担当”精神》，江西日报，2012－04－24。

64.《无私无畏、敢于担当，应成为党员干部的基本素养》，半壁江中文网，2014－05－21。

65. 唐晓慧：《党员干部无私才能无畏》，河北新闻网，2014－04－09。

66. [宋] 欧阳修：《新唐书·魏征传：列传第二十二》，长沙：岳麓出版社，1997 年版。

67. [唐] 魏征：《群书治要》，北京：北京理工大学出版社，2013 年版。

68. 吕思勉：《唐朝大历史》，北京：北京联合出版公司，2012 年版。

69. 赵尔巽：《清史稿·林则徐传：卷一五六》，北京：中华书局，

2003 年版。

70. 杨国桢：《林则徐大传》，北京：人民出版社，2004 年版。

71. 刘余莉：《公务员职业道德学习读本》，团结出版社，2012 年。

72. 傅思明：《英国行政问责制》，学习时报，2011－04－19。

73. 《保持清正廉洁 恪守为政底线》，中国共产党新闻网，2012－01－19。

74. 《老老实实干事 清清白白为官》，山东商报，2014－05－11。

75. 郭永平：《清正廉洁：保持党员干部纯洁性的必然要求》，中直党建网，2012－07－10。

76. 《党员干部如何做人、做事、做官》，经典网，2013－08－29。

77. 英子：《党员干部要悟透笃行“老实做事，清白做官”》，九九文章网，2014－05－11。

78. 《廉树威贪失信，廉兴国贪失家》，人民网强国论坛，2012－02－10。

79. 《增强党员干部拒腐防变能力：加强理论学习 提高党性修养》，荆楚网，2011－06－17。

80. 韩长赋：《党员干部要切实增强拒腐防变能力》，新华网，2013－07－13。

81. 《着力构建党员干部拒腐防变长效机制》，中国廉政网．2014－02－18。

82. 陈千学：《心存敬畏行有所止》，新华网，2013－05－24。

83. 姜永斌：《为官先修德》，中国纪检监察报，2011－11－18。

84. 陈金龙：《为官何以要修德?》，南方日报，2011－09－10。

85. 《谈为官先修德》，海港党建网，2012－06－27。

86. 《不唯上 不唯书 只唯实》，齐鲁晚报，2011－06－13。

87. 李树望：《党员干部应以淡泊之心对待名利》，人民网，2009－12－17。

88. 周为民：《永葆党的纯洁性 要求党员干部淡泊“做官”心理 正确

对待名利地位 理性看待进退留转》，央视网，2012－05－22。

89. 郭嘉：《媒体呼吁党员干部淡泊名利 力戒好虚名与民争利》，人民网，2011－11－22。

90. 孟占锋：《党员干部要做淡泊名利的模范》，中国共产党新闻网，2011－05－04。

91. 王明卫：《浅议党员干部如何加强党性修养》，安青网，2012－08－16。

92. 张瑞昌：《共产党员要对党忠诚》，历城党建网，2009－07－17。

93. 赵尔巽：《清史稿 · 于成龙传，卷一五六》，北京：中华书局，2003 年版。

94. 佘云叶：《大清第一廉吏于成龙》，北京：群众出版社，2013 年版。

95. ［清］张廷玉：《明史 · 于谦传，卷二七九》，北京：中华书局，2003 年版。

96. 郦波：《救时宰相于谦》，北京：中国民主法治出版社，2010 年版。

97. 王恬：《美国“道德办”管着 400 万公务员》，环球时报，2012－06－06。

98. 赵长春：《芬兰：廉洁之最的秘诀》，环球杂志，2004－03－10。